ANTROPOLOGIA E CULTURA

Revisão técnica:

Guilherme Marin
Bacharel em Filosofia
Mestre em Sociologia da Educação

B277a   Barroso, Priscila Farfan.
      Antropologia e cultura / Priscila Farfan Barroso, Wilian
Junior Bonete, Ronaldo Queiroz de Morais Queiroz ;
[revisão técnica: Guilherme Marin]. – Porto Alegre:
SAGAH, 2017.

      ISBN 978-85-9502-184-6

      1. Antropologia. 2. Sociologia. 3. Cultura. I. Bonete,
Wilian. II.Queiroz, Ronaldo Queiroz de Morais. III.Título.

                                                   CDU 31

Catalogação na publicação: Karin Lorien Menoncin CRB-10/2147

ANTROPOLOGIA E CULTURA

Priscila Farfan Barroso
Bacharelada e Licenciada em Ciências Sociais
Especialista em Ensino de Sociologia no Ensino Médio
Mestre em Antropologia Social

Wilian Junior Bonete
Graduado em História
Mestre em História Social

Ronaldo Queiroz de Morais Queiroz
Graduado História
Mestre em Integração Latino-Americana
Doutor em História Social

Porto Alegre,
2017

© Grupo A Educação S.A., 2017

Gerente editorial: *Arysinha Affonso*

Colaboraram nesta edição:
Coordenadora editorial: *Verônica de Abreu Amaral*
Editora: *Carolina Rübensam Ourique*
Preparação de originais: *Francisco Lovato*
Assistente editorial: *Yasmin Lima dos Santos*
Capa: *Paola Manica | Brand&Book*
Editoração: *Ledur Serviços Editoriais Ltda.*

Importante

Os *links* para *sites* da *web* fornecidos neste livro foram todos testados, e seu funcionamento foi comprovado no momento da publicação do material. No entanto, a rede é extremamente dinâmica; suas páginas estão constantemente mudando de local e conteúdo. Assim, os editores declaram não ter qualquer responsabilidade sobre qualidade, precisão ou integralidade das informações referidas em tais *links*.

Rua Ernesto Alves, 150 – Floresta
90220-190 Porto Alegre RS
Fone: (51) 3027-7000

SAC 0800 703-3444 – www.grupoa.com.br

IMPRESSO NO BRASIL
PRINTED IN BRAZIL

APRESENTAÇÃO

A recente evolução das tecnologias digitais e a consolidação da internet modificaram tanto as relações na sociedade quanto as noções de espaço e tempo. Se antes levávamos dias ou até semanas para saber de acontecimentos e eventos distantes, hoje temos a informação de maneira quase instantânea. Essa realidade possibilita a ampliação do conhecimento. No entanto, é necessário pensar cada vez mais em formas de aproximar os estudantes de conteúdos relevantes e de qualidade. Assim, para atender às necessidades tanto dos alunos de graduação quanto das instituições de ensino, desenvolvemos livros que buscam essa aproximação por meio de uma linguagem dialógica e de uma abordagem didática e funcional, e que apresentam os principais conceitos dos temas propostos em cada capítulo de maneira simples e concisa.

Nestes livros, foram desenvolvidas seções de discussão para reflexão, de maneira a complementar o aprendizado do aluno, além de exemplos e dicas que facilitam o entendimento sobre o tema a ser estudado.

Ao iniciar um capítulo, você, leitor, será apresentado aos objetivos de aprendizagem e às habilidades a serem desenvolvidas no capítulo, seguidos da introdução e dos conceitos básicos para que você possa dar continuidade à leitura.

Ao longo do livro, você vai encontrar hipertextos que lhe auxiliarão no processo de compreensão do tema. Esses hipertextos estão classificados como:

 **Saiba mais**

Traz dicas e informações extras sobre o assunto tratado na seção.

Fique atento

Alerta sobre alguma informação não explicitada no texto ou acrescenta dados sobre determinado assunto.

Exemplo

Mostra um exemplo sobre o tema estudado, para que você possa compreendê-lo de maneira mais eficaz.

Link

Indica, por meio de *links* e códigos QR*, informações complementares que você encontra na *web*.

https://sagah.maisaedu.com.br/

Todas essas facilidades vão contribuir para um ambiente de aprendizagem dinâmico e produtivo, conectando alunos e professores no processo do conhecimento.

Bons estudos!

---

* Atenção: para que seu celular leia os códigos, ele precisa estar equipado com câmera e com um aplicativo de leitura de códigos QR. Existem inúmeros aplicativos gratuitos para esse fim, disponíveis na Google Play, na App Store e em outras lojas de aplicativos. Certifique-se de que o seu celular atende a essas especificações antes de utilizar os códigos.

SUMÁRIO

Unidade 2

Unidade 3

Unidade 4

A história da antropologia

Objetivos de aprendizagem

Ao final deste texto, você deve apresentar os seguintes aprendizados:

- Identificar o conceito de antropologia.
- Distinguir as diferentes perspectivas de análise do pensamento antropológico.
- Reconhecer qual é o objeto de estudo da antropologia.

Introdução

Neste capítulo, você verá uma breve abordagem sobre a história da Antropologia. Ainda, você verá quais foram as linhas de desenvolvimento utilizadas no pensamento antropológico, evidenciando as diferentes perspectivas de análise que essa concepção, acerca do ser humano, sofreu dentro da história ocidental.

Qual o conceito de antropologia?

Antes de tudo, vamos analisar a etimologia da palavra "antropologia". Esta é formada por dois radicais de origem grega: "*Anthropos*", que significa homem, e '*logos*', que significa ciência. Assim, podemos dizer que a Antropologia é o estudo do homem. Mas o que isso quer dizer? Qual o sentido de estudar o homem? Qual homem é esse estudado pela Antropologia? Como realizar o estudo do homem? Antropologia é Ciência? Como interpretar a sociedade a partir da Antropologia? A quem serve a Antropologia? Para que Antropologia? Todas essas perguntas vão sendo esclarecidas ao longo deste capítulo, a fim de que você possa aproveitar a discussão e levar um pouco dela para sua vida profissional.

Começamos dizendo que a Antropologia propõe um olhar integral sobre o homem, que considere aspectos biológicos, sociais e culturais. Nesse sentido, cabe observar, analisar e compreender as inúmeras dimensões atribuídas aos seres humanos em sociedade, a fim de compreender suas modificações ao longo do tempo. Assim, François Laplantine (2003), em sua obra *Aprender Antropologia*, é mais preciso ao enfatizar o estudo do homem para além de um recorte temporal e territorial específicos, como diz "A antropologia não é apenas o estudo de tudo que compõe uma sociedade. Ela é o estudo de todas as sociedades humanas (a nossa inclusive), ou seja, das culturas da humanidade como um todo em suas diversidades históricas" (LAPLANTINE, 2003, p. 12).

O homem sempre foi um curioso de si próprio. E tendo estudado inicialmente a natureza, ele passou a observar, analisar e compreender o próprio homem por meio de métodos científicos importados das Ciências Biológicas até que as próprias disciplinas das Ciências Humanas desenvolvessem suas metodologias. Com isso, essas aprendizagens iniciais sobre o estudo do homem vão dando corpo a um saber científico sobre os seres humanos e seu modo de vida, possibilitando uma reflexão mais aprofundada em relação aos fenômenos das sociedades (Figura 1).

Figura 1. A antropologia propõe um olhar sobre as sociedades, suas culturas e sobre tudo o que se relaciona ao fazer humano.
Fonte: Mix3r/Shutterstock.com

Cabe enfatizar que a antropologia é um movimento epistemológico importante no pensamento científico, pois o homem deixa de se perceber como o "centro da humanidade" e passa a olhar o outro, a fim de acessar, conhecer, estudar e compreender o seu modo de habitar o mundo. Ou seja, perceber-se em meio a outros é um exercício de reflexão que nos desloca a compreender as múltiplas possibilidades de viver em sociedade, apreendendo que não cabe impor um único estilo de vida para todos os seres humanos.

Perspectivas de análise do pensamento antropológico

Inúmeras subdivisões podem apresentar o campo de estudos da Antropologia, assim, optamos por identificar os subconjuntos que traçam as perspectivas de análise que compuseram o desenvolvimento da disciplina.

Antropologia pré-histórica

Os estudiosos da área de antropologia se interessam pela pesquisa dos seres humanos existentes, mas também daqueles que já deixaram de existir. Denominamos Antropologia pré-histórica o estudo que busca reconstituir e entender as sociedades antepassadas, por meio de vestígios materiais da presença humana enterrados no solo. Essa perspectiva de análise da Antropologia, preocupada com sociedades que não existem mais, ganhou métodos, conceitos e aporte teórico próprios, sendo intitulada de Arqueologia.

Sabe-se que os homens se adaptaram em meio a transformações em seus organismos, e eles tiveram de lidar ao longo de 2 milhões de anos. Dessa maneira, cabe aos arqueólogos desvendar e explicar as mudanças que ocorreram nas sociedades por meio de registros arqueológicos, sendo eles materiais, peças, artefatos que constituíram o modo de vida desses antepassados. A partir desses materiais, os arqueólogos vão propor hipóteses e teorias sobre como as sociedades se desenvolveram ao longo do tempo, além de compreenderem as características culturais pertencentes aos povos e grupos que deixaram de existir. Nesse sentido, conhecer a cultura de uma sociedade que não mais existe a partir dos seus vestígios materiais permite acessar elementos que compõem a identidade dessa sociedade. Como o arqueólogo Pedro Funari (2013, p. 101) reforça sobre essa disciplina, "a criação e a valorização de uma identidade nacional ou cultural relacionam-se, muitas vezes, com a Arqueologia".

A metodologia utilizada para esse trabalho também é científica, uma vez que a disciplina estabelece procedimentos sistemáticos para acessar os objetos e desenvolve um arcabouço teórico para interpretar a relação entre esses objetos e os antepassados. Conforme Bahn e Renfren (1998), os passos e técnicas empregadas na Arqueologia envolvem: o levantamento de informações sobre o local, que pode ser através da escrita ou da oralidade; a prospecção do local, que são intervenções no subsolo para buscar primeiros vestígios materiais para definir a área de interesse; a escavação da área, que pode ser realizada com a utilização de instrumentos elétricos ou mesmo com a ajuda de objetos usando a força humana; e a análise arqueológica, que é quando os materiais, encontrados nos sítios arqueológicos, são levados para análise no laboratório.

Esses locais onde ocorre o trabalho de campo são os chamados sítios arqueológicos. Nesses sítios, existem indícios de ocupação humana no passado, e, a partir de uma pesquisa arqueológica, podem ser encontrados diversos materiais que denotam a vida de sociedades antepassadas, como: ossos humanos, artesanatos, cerâmicas, pedras, representações rupestres, restos de alimentos, entre outros. Sobre esses "dados", o arqueólogo Gordon Childe (1961, p. 11) lembra que "Todos os dados arqueológicos constituem expressões de pensamentos e de finalidades humanas e só tem interesse como tal".

Assim, analisando o material colhido, tanto de cunho cultural como biológico, é possível compreender as mudanças e proximidades entre o modo de vida dessas sociedades com as culturas atuais. Nesse sentido, até mesmo o avanço tecnológico pode ser estudado por meio dos instrumentos e ferramentas descobertas, como as lanças feitas de pedras lascadas.

Link

Acesse o link a seguir e leia a reportagem sobre as descobertas feitas em um sítio arqueológico, em Israel, que revelaram a "primeira dieta do Mediterrâneo" do homem pré-histórico do sítio de Gesher Benot Ya'aqov, há 780 mil anos. O que hoje é considerado moda por ser saudável já era utilizado pelos nossos ancestrais para diversificar sua dieta conforme as estações do ano.

https://goo.gl/VgRaZv

Antropologia linguística

Uma das principais questões que diferencia os animais dos seres humanos é a linguagem. Ainda que os animais emitam som em sua comunicação, há um limite nesse alcance comunicativo. Já a complexa linguagem humana é um atributo relevante do desenvolvimento dos seres humanos, uma vez que, através dela, acessamos o modo como os indivíduos vivem e se relacionam. Segundo a teoria da gramática universal (VITRAL, 1998), existem aspectos sintáticos da linguagem que são comuns a todas as línguas do mundo. Então, essa linguagem permeia uma gramática bastante desenvolvida há milhares de anos, o que torna possível refletir sobre as características universais da língua, que se difundem pelas culturas existentes.

Um profundo estudioso no assunto, o antropólogo e linguista alemão Edward Sapir fez uma análise, em sua obra *Language* (1921), de que as próprias culturas poderiam ser pensadas como linguagens, uma vez que ele estava interessado justamente em como as formas culturais – e então as linguagens – são apropriadas e recriadas para expressar a comunicação de outras sociedades. Cabe perceber que até uma mesma língua, como o português, por exemplo, pode ter variações interpretativas e utilizações de palavras com formas distintas a partir das mudanças de sons, diferenças gramaticais e de vocabulário.

Assim, também é possível fazer a reconstituição de línguas antigas comparando com a linguagem dos descendentes contemporâneos, traçando, então, um paralelo cultural histórico e desvendando relações entre sociedades que estabeleceram trocas culturais e influenciaram umas às outras. Pela linguagem, descobre-se como os povos avaliam, classificam, separam e percebem o que está em torno deles, sendo que esse modo de ver o mundo traz a especificidade cultural e até mesmo as relações desta sociedade com as outras que foram contemporâneas a ela.

Ao mesmo tempo, questões culturais que envolvam os estudos de linguagem podem ser estudadas e aprofundadas por outras disciplinas. Uma dessas áreas, que a pesquisa sobre o assunto pode ser bastante frutífera, é a área da Educação, como diz Collins (2015, p. 1197):

> O campo da antropologia linguística, por causa de sua ênfase no significado interacional situado e seu estudo intensivo de eventos comunicativos e princípios estruturantes interevento, tem contribuições específicas para dar à pesquisa educacional sobre práticas de letramento.

Antropologia psicológica

Nessa perspectiva de análise do pensamento antropológico, foi abordado o estudo dos processos e funcionamento do psiquismo dos anos 70, levando em consideração que as ocorrências culturais e sociais incidem na psicologia individual e nos fundamentos psicológicos de comportamentos. Por muito tempo, a ideia interessada era justamente da relação entre a mente e o mundo, pois não haveria como os indivíduos interagirem com esse mundo sem as suas mentes.

Assim, os antropólogos evidenciaram a questão da psique para estabelecer seus estudos, como explica Laplantine (1988, p. 11):

> De fato, o antropólogo é em primeira instância confrontado não a conjuntos sociais, e sim a indivíduos. Ou seja, somente através dos comportamentos – conscientes e inconscientes – dos seres humanos particulares podemos apreender essa totalidade sem a qual não é antropologia. É a razão pela qual a dimensão psicológica (e também psicopatológica) é absolutamente indissociável do campo do qual procuramos aqui dar conta. Ela é parte integrante dele.

Ao mesmo tempo, existem processos corpóreos, como deficiências, convulsões e até doenças, que podem ser percebidos, por indivíduos e seus grupos sociais, como resultado de acontecimentos de fenômenos culturais baseados em suas crenças e valores das sociedades, como má sorte, olho gordo, feitiço, entre outros. Entretanto, para esses povos e culturas, seria desconsiderado as explicações da biologia e da natureza, pois a única explicação que faz sentido nesse seu arcabouço cultural é relativa às suas vivências culturais e seus modos de vida.

Logo, os estudos possibilitados por essa perspectiva envolvem a interação dos processos culturais e mentais, de modo que a forma de perceber e de se relacionar com o mundo remetem pela biologia do indivíduo. Assim, cabe estudar como os processos biológicos e psicológicos também embasam a constituição dos fenômenos sociais expressos pelas relações entre indivíduos e grupos sociais.

Antropologia social e cultural

No final do século XIX, o foco se dá no estudo, descrição e análise dos comportamentos sociais e estrutura social que caracterizam as diferentes sociedades existentes. Interessa, nessa perspectiva de análise do pensamento antropológico, tudo o que diz respeito à religião, às criações artísticas, às crenças, aos valores, à produção econômica, ao parentesco, às vestimentas, aos gostos, à alimentação, entre outros. Como nos lembra Marconi e Pressotto (2010), não há diferença substancial entre o "cultural" e o "social", mas cabe dizer que os antropólogos ingleses estavam mais voltados para a Antropologia Social, e os americanos dão preferência à Antropologia Cultural.

Podemos dizer que a vantagem dos estudos de culturas e sociedades contemporâneas é a possibilidade de o pesquisador conviver em meio aos seus membros para acessar, conhecer e registrar o seu modo de vida. Logo, é desenvolvida uma metodologia específica a fim de registrar e analisar os atributos culturais que interessam ao pesquisador. Trata-se da etnografia. Magnani (2010, p. 135) define a etnografia como:

> [...] é uma forma especial de operar em que o pesquisador entra em contato com o universo dos pesquisados e compartilha seu horizonte, não para permanecer lá ou mesmo para atestar a lógica de sua visão de mundo, mas para, seguindo-os até onde seja possível, numa verdadeira relação de troca, comparar suas próprias teorias com as deles e assim tentar sair com um modelo novo de entendimento ou, ao menos, com uma pista nova, não prevista anteriormente.

Desse modo, a etnografia não é só um convívio desinteressado com o outro, pelo contrário, trata-se de um processo metodológico de busca, convivência e compreensão de modos de vida diferentes dos nossos. Essa relação de troca entre o pesquisador e o pesquisado, permite-nos acessar os meandros da vida social de culturas que pouco ou nada sabíamos possibilitado pelo "encontro etnográfico" (OLIVEIRA, 1998), no qual ambos interlocutores trocam ideias sobre o mundo em que vivem. Assim, o etnográfico observa, mas também participa dessa relação com o outro, que é referenciada pelo encontro entre seus horizontes.

Desse encontro, cabe realizar registros escritos em diários de campo para compor o material de análise. A própria etimologia da palavra etnografia infere a ideia de escrever sobre um povo. Juntamente a essa escrita, ainda é possível realizar entrevistas com alguns interlocutores, fotografar danças, rituais e outras performances pertinentes ao estudo, formular organogramas sobre a estrutura da sociedade estudada, tudo isso a fim de produzir materiais complementares e facilitar as interpretações em relação ao modo de vida do outro.

Link

Para compreender a dimensão dessa metodologia e se aprofundar mais sobre o fazer etnográfico, você pode ler o artigo "O que é fazer etnografia para os antropólogos", de Urpi Uriarte (2012):

https://goo.gl/kj55z4

Entretanto, essa perspectiva de análise da Antropologia ainda se ramifica na etnologia, que tem como objetivo examinar, analisar e, principalmente, comparar dados registrados de diferentes sociedades, a fim de propor generalizações sobre a sociedade e a cultura. Com essas comparações e contrastes, cabia destacar diferenças e similaridades para refletir sobre os sistemas sociais e culturais.

Análise do objeto de estudo da antropologia

Apesar do interesse no modo de vida do homem, a Antropologia vem complexificando as formas de estudo desse objeto conforme a disciplina se desenvolve. As primeiras sociedades e culturas estudadas estavam longe, geograficamente, da morada dos pesquisadores, assim os antropólogos se preocupavam em conhecer seus sistemas sociais, buscando, nesses estudos, a totalidade dessas sociedades, em termos de sua estrutura e organização social.

Com o tempo, esses pesquisadores foram estudando sociedades mais próximas e reconheceram que valeria a pena se debruçar sobre manifestações culturais específicas, mais do que sobre a totalidade de suas ações sociais. E então, o estudo do homem foi se concentrando em aspectos da vida social que expressam os fenômenos culturais diversos, como no âmbito religioso, das cerimônias, dos rituais cotidianos, entre outros (Figura 2).

Figura 2. Ensino da tradicional da dança balinesa.
Fonte: Bali... ([2017])

Logo, podemos dizer que a Antropologia foi ganhando feições e apostando em subáreas de conhecimento conforme as especificidades estudadas sobre o homem, como: a Antropologia da Saúde, Antropologia da Religião, Antropologia Visual, Antropologia Urbana, Antropologia da Alimentação, Antropologia Econômica, Antropologia Política, entre outros. Nesse sentido, criam-se problematizações teóricas que envolvem os diferentes modos de vida dos indivíduos que convivem na mesma sociedade.

Soma-se a isso a questão de que a antropologia permite desnaturalizar as ações e as vivências humanas, como algo único e imutável em todas as sociedades, e ao mesmo tempo permite estudar os elementos culturais em cada contexto social. Mais do que aprender sobre o Outro, cabe, neste capítulo, questionar a nossa cultura como a única e a mais importante no universo.

Exercícios

1. Na antropologia pré-histórica, qual era o critério atribuído ao conceito de humano?
a) Racional.
b) Espiritual.
c) Propriedade privada.
d) Religioso.
e) Filosófico.

2. A antropologia é o estudo holístico, biocultural e comparativo da humanidade. Quais são as quatro principais subdisciplinas da Antropologia?
a) Antropologia Médica, Etnografia, Etnologia e Antropologia Cultural.
b) Arqueologia, a Antropologia Biológica, Linguística Aplicada, e Antropologia Aplicada.
c) Antropologia Biológica, Antropologia Linguística, a Antropologia Cultural e Arqueologia.
d) Antropologia Genética, a Antropologia Física, Etnologia e Antropologia Linguística.
e) Primatologia, Etnologia, Antropologia Cultural, e Paleopatologia.

3. Nosso gênero, o *Homo*, vem mudando há mais de 2 milhões de anos. Qual é o termo para as transformações pelas quais os organismos passam com as forças ambientais e tensões?
a) Etnologia.
b) Etnografia.
c) Exogamia.
d) Adaptação.
e) Fenótipo.

4. Sobre o objeto de estudo da Antropologia, assinale a alternativa CORRETA:
a) a História.
b) o Direito.
c) o humano.
d) a natureza.
e) as cidades.

5. Um campo de estudo sistemático que utiliza experiência, observação e dedução para produzir explicações confiáveis dos fenômenos é:
a) Cultura.
b) Religião.
c) Humanidade.
d) Ciência.
e) Folclore.

Referências

BAHN, P.; RENFREW, C. *Arqueología:* teoria, métodos y práctica. Madrid: Tres Cantos, 1998.

BALI personality formation. [2017]. Disponível em: <https://www.loc.gov/exhibits/mead/field-bali.html>. Acesso em: 24 ago. 2017.

CHILDE, V. G. *Introdução à arqueologia.* Lisboa: Ed. Europa-América, 1961.

COLLINS, J. Práticas de letramento, antropologia linguística e desigualdade social: caso etnográficos e compromissos teóricos. *Educucação e Pesquisa,* São Paulo, v. 41, n. especial, p. 1191-1211, dez. 2015.

FUNARI, P. P. A. *Arqueologia.* São Paulo: Contexto, 2003.

LAPLANTINE, F. *Aprender Antropologia.* São Paulo: Brasiliense, 2003.

MAGNANI, J. G. C. Etnografia como prática e experiência. *Horizontes antropológicos,* Porto Alegre, v. 15, n. 32, dez. 2009. Disponível em: <http://www.scielo.br/scielo.php?script=sci_arttext&pid=S0104-71832009000200006>. Acesso em: 24 ago. 2017.

MARCONI, M. de A.; PRESOTTO, Z. M. N. *Antropologia:* uma introdução. 7. ed. São Paulo: Atlas, 2010.

OLIVEIRA, Roberto C. de. *O trabalho do antropólogo.* Brasília:Paralelo Quinze, São Paulo: Unesp, 1998.

SAPIR, E. *Language:* an introduction to the study of speech. New York: Harcourt, 1921.

VITRAL, L. Princípios e parâmetros: pressupostos filosóficos da gramática gerativa. In: BRITO, A. N.; VALE, O. A. (Org.). *Filosofia, lingüística, informática:* aspectos da linguagem. Goiânia: UFGO, 1998.

Leitura recomendada

URIARTE, U. M. O que é fazer etnografia para os antropólogos. *Ponto Urbe,* v. 11, 2012. Disponível em: <http://pontourbe.revues.org/300>. Acesso em: 24 ago. 2017.

O que é antropologia: ramificações e atribuições

Objetivos de aprendizagem

Ao final deste texto, você deve apresentar os seguintes aprendizados:

- Justificar a construção do pensamento antropológico.
- Definir as ramificações e atribuições da antropologia.
- Descrever os encaminhamentos da antropologia nas últimas décadas.

Introdução

Antropologia pode ser melhor compreendida enquanto disciplina científica a partir do seu desenvolvimento ao longo do tempo. Desde os primeiros viajantes que entraram em contato com outros povos até o intenso contato cultural permitido pela globalização, está em questão o modo como olhamos aqueles que são diferentes de nós. Assim, refletindo sobre esse olhar podemos conhecer e aprofundar a compreensão e o entendimento dos povos existentes.

Neste capítulo, você aprofundará o seu conhecimento sobre a construção do pensamento antropológico, além de conhecer suas ramificações e atribuições existentes. Com isso, perceberá quais são as possibilidades de aplicações conceituais em nosso cotidiano.

Construindo o pensamento antropológico

Você busca explicações para o que acontece no mundo? Você se questiona por que algo aconteceu de um jeito e não de outro? Você tem curiosidade sobre as formas de vida de outras culturas? Pensar sobre o que os homens fazem, como fazem e por que fazem, faz parte da racionalidade humana (Figura 1). Esses questionamentos possibilitam ao homem refletir sobre sua condição humana no mundo, e assim compreender modos de viver diferentes dos seus.

Figura 1. A famosa estátua "O Pensador", de Auguste Rodin, que simboliza o pensamento humano.
Fonte: Ghiraldelli (2013).

Como nos ensina o antropólogo Roberto Cardoso de Oliveira (2000), cabe ao pesquisador olhar, ouvir e escrever sobre o encontro etnográfico, a fim de produzir o registro sobre outras sociedades. Por isso, a aprendizagem desses três atos de forma sistemática e metodológica permite o desenvolvimento do pensamento antropológico e uma maior atenção para com o mundo que nos rodeia. Assim, você começará conhecendo como foram os primeiros contatos com povos distantes que originaram a formação de uma literatura etnográfica.

Nos séculos XVI-XIX, as viagens às Índias, as descobertas realizadas pelos europeus para expansão colonial e o comércio exterior nos altos mares do Oceano Pacífico resultaram em relatos, escritos e descrições. Esse material era produzido por viajantes, aventureiros, missionários, administradores coloniais, sobre a experiência dos encontros com outras culturas e sociedades, integrando os primeiros registros do encontro com o outro. As descrições apresentavam, muitas vezes, esses povos como pitorescos e assustadores, principalmente aqueles que tinham a prática do canibalismo. Mas, pela forma de se organizar socialmente, de habitar o mundo e de se comportar, os povos indígenas eram vistos pelos europeus como seres primitivos, selvagens, mais próximo dos animais do que dos humanos. O historiador e cronista português Gândavo (2004, p. 135) conta as impressões sobre os indígenas:

> A língua que usam, por toda costa [...] Carece de três letras convém a saber, não se acha nela F, nem L, nem R, coisa digna de espanto, porque assim não têm Fé, nem Lei, nem Rei, e essa maneira vivem desordenadamente, sem terem além disto conta, nem peso, nem medida.

Deste modo, a vida nos trópicos da América do Sul causava estranhamento aos europeus que esperavam dominar esses povos e levar a verdadeira "civilização" a eles.

Exemplo

O livro do viajante de Hans Staden, *Viagem ao Brasil*, conta sobre o encontro com os indígenas na América do Sul, as relações entre esses povos com os portugueses e como se dava os ritos e cerimônias dos ditos "selvagens". Em um dos trechos, ele apresenta a antropofagia presente nesses povos:

> Voltando da guerra, trouxeram prisioneiros. Levaram-nos para sua cabana: mas a muitos feridos desembarcaram e os mataram logo, cortaram-nos em pedaços e assaram a carne [...] Um era português [...] O outro chamava-se Hyeronimus; este foi o assado de ontem. (STADEN, 1930).

Ramificações e atribuições da antropologia

Podemos dizer que a Antropologia tem ramificações com origens, características, conceitos e representantes diferentes. Vamos chamar essas ramificações de "paradigmas" (OLIVEIRA, 1988), já que alguns não são escolas, propriamente constituídas como tal, e assim, conseguimos agrupar seus elementos característicos para destacar a importância e contribuição de cada.

Evolucionismo Social

A partir de 1830, influenciada pelas ideias evolucionistas da Biologia, surge o embrião de uma antropologia evolucionista, na Inglaterra. O filósofo inglês Herbert Spencer foi um dos maiores influenciadores, pois apostava na escala evolutiva ascendente, baseada na noção de "estágios", de modo que todos os seres humanos, em sociedade, passariam por cada processo até que evoluíssem (BARNARD; SPENCER, 2002).

Essas ideias foram apropriadas para o estudo do homem e reforçaram a explicação de que as sociedades passariam pelos mesmos estágios até que se alcançassem a "civilização", sendo essa um processo unilinear. Assim, durante o século XIX, temos três representantes do evolucionismo social, são eles: Lewis Henry Morgan, Edward Burnett Tylor e James George Frazer.

Morgan era norte-americano e trabalhou por muito tempo entre os Iroqueses, que viviam no Lago Erie da América do Norte, e outros povos americanos, em contato com os nativos por meio da tradução de um intérprete. Ele investigou as formas de governo, o sistema de parentesco e questão da propriedade, a fim de estabelecer evidências na sistematização do progresso humano.

O inglês Tylor realizou estudos comparativos a partir da ideia de unidade psíquica humana. Seu objetivo era dissecar a civilização em detalhes e classificá-los em graus apropriados, sendo que, para ele, era mais importante compreender a distribuição geográfica e histórica do que a vida dos nativos. Nesse sentido, o autor se apoiava em relatos de fenômenos das culturas análogas, que eram tomadas como evidências dessa progressão.

Frazer era escocês, mas atuou como professor na Inglaterra. Ele queria encontrar leis gerais que pudessem ser presumidas de fatos particulares nas diferentes sociedades. Na sua obra *O Ramo de Ouro* (1890), ele estudou a magia nas sociedades primitivas como sendo o embrião de um processo contínuo e evolutivo para chegar no desenvolvimento da ciência, tal qual se dá nas sociedades contemporâneas.

 **Saiba mais**

Para conhecer mais sobre o pensamento do Evolucionismo cultural e suas ideias bases, você pode ler o livro *Evolucionismo cultural* de Castro, 2005.

Escola Sociológica Francesa

Fundada por Émile Durkheim, no final do século XIX, essa escola defende que a sociedade é uma realidade *sui generis*. Em 1895, ele publicou o livro *As regras do método sociológico*, apresentando esta proposta metodológica para o estudo da sociedade. Portanto, caberia a sociologia estudar os 'fatos sociais', sendo que eles agiriam sobre os indivíduos de forma coercitiva, externa e geral.

O seu sobrinho, Marcel Mauss (1974, p. 41), deu continuidade às suas ideias e aprofundou a abordagem de estudo, pois, para ele, o estudo da sociedade, a partir de características, poderia elucidar a totalidade dessa sociedade, chegando, então, ao conceito de "fato social total". Com isso, por meio do método comparativo, Mauss estudou a reciprocidade e a troca de objetos entre pessoas ou grupos sociais defendendo a dádiva como fundamento da vida social.

Esse compromisso é entendido como o vínculo das almas em que se deve dar um presente, não se deve recusá-lo e ainda é preciso retribuí-lo. A leitura feita por Mauss é de que o objeto ainda tem algo do doador, mas permanece com o recebedor, e, entre eles, se estabelece uma parceria e também uma condição hierárquica. Ou seja, as trocas sociais que fundam a reciprocidade estão em um "sistema de prestações totais", (MAUSS, 1974, p. 45) que tem caráter voluntário (aparentemente livre e gratuito) e obrigatório (imposto e interessado), e essas trocas perpassam fenômenos jurídicos, econômicos, religiosos, estéticos e mesmo morfológicos.

Funcionalismo

Considerado o pai da Antropologia Britânica, Bronislaw Malinowski (1984) desenvolveu uma análise por meio do funcionalismo e afirmava que todas as partes de uma cultura local desempenham um papel de funcionamento. Logo, o pesquisador teria que fazer um trabalho de campo intensivo para apreender todos os detalhes culturais. No início, esses detalhes pareceriam arbitrários e sem sentido – tanto nas práticas da população local, quanto no modo das pessoas sobreviverem no ambiente local – mas, com a acumulação de dados anotados durante o tempo em que o pesquisador permanece em campo, alguns núcleos de sentido viriam à tona, e o antropólogo seria o mediador dos significados da sociedade do outro.

Entre 1914 e 1918, ele foi autorizado a realizar trabalho de campo na Nova Guiné, entre os trobriandeses, aprendendo o uso da língua nativa, por meio da observação participante entre os nativos, o que possibilitou, em 1992, a publicação do livro *Argonautas do Pacífico Ocidental*.

Enquanto Malinowski aposta no aprofundamento de estudo sobre uma cultura, Radcliffe-Brown (2013) se baseia em uma perspectiva metodológica comparativa, uma vez que ele prefere traçar comparações entre o povo estudado e outros povos. Seu objetivo era realizar generalizações sobre a forma estrutural da sociedade e entender sua continuidade ao longo do tempo.

Assim, Malinowski e Radcliffe-Brown rompem definitivamente com os fundamentos tradicionais da antropologia e adotam uma orientação sincrônica do estudo da sociedade, de maneira científica. Para o primeiro, deve-se analisar a totalidade dos aspectos da cultura nativa, como o pesquisador a vê, com o objetivo de delinear as leis e padrões de todos os fenômenos culturais (MALINOWSKI, 1984). Já para o segundo, cabe o estudo da sociedade humana na perspectiva de seus fenômenos sociais, nos quais se buscam relações existentes – de caráter funcional - entre as formas de associação dos indivíduos, de modo a estabelecer características gerais das estruturas sociais apreendidas através de observações reais (RADCLIFFE-BROWN, 2013).

Culturalismo norte-americano

Franz Boas se opôs aos métodos dedutivistas das análises comparativas e defendeu o método da indução empírica, a fim de não enquadrar os fenômenos em um conceito que não lhe cabia. Assim, ele analisou os costumes semelhantes entre tribos vizinhas, para traçar paralelos considerando o contexto social na perspectiva histórica e geográfica. Logo, Boas preferiu elucidar o conceito de cultura de modo plural, holístico, integrado, de acordo com regiões culturais determinadas, para só então estabelecer leis gerais e generalizações teóricas.

Ruth Benedict e Margereth Mead são discípulas de Boas e dão continuidade aos estudos de culturas particulares, a partir dos anos 20 nos Estados Unidos. Esses estudos levam em consideração a noção de cultura como transmissão geracional e a formação da personalidade na relação entre o indivíduo e o grupo. Em 1934, Benedict publica seu livro *Padrões de cultura*. Nele, aborda as configurações das feições culturais para compreender o papel da cultura na definição da personalidade. Mais tarde, Mead publica *Sexo e Temperamento,* em 1935, e apresenta a relação entre o temperamento e os diferentes papéis sexuais em termos de um padrão dominante.

Link

Acesse o link a seguir e veja um dos documentários produzidos pela antropóloga Margaret Mead em sociedades das ilhas do Pacífico.

https://goo.gl/SbMweA

Estruturalismo

Em 1908, Claude Lévi-Strauss nasce em Bruxelas, mas é em Paris que ele será reconhecido como antropólogo renomado. Seus estudos buscavam a análise das estruturas da mente humana, a fim de evidenciar as estruturas das sociedades como relações constantes, apesar da diversidade e das diferenças entre elas. Assim, por meio das estruturas do inconsciente, estudadas nos fenômenos conscientes, Lévi-Strauss (1973) acessaria as leis gerais do pensamento humano e, nessa estrutura rígida e imutável, desvendada no plano lógico, estariam articuladas simbolismos e ação social.

Um de seus estudos, *As estruturas elementares do parentesco,* de 1947, investigou as classificações definidas pelos membros de um grupo em relação ao sistema de parentesco e a aliança das sociedades, permeando questões que perpassariam das sociedades primitivas até as sociedades ditas contemporâneas.

A proibição do incesto é explicada sociologicamente como um tabu que impediria os grupos de se fecharem entre si, de modo que a aliança entre os grupos proporia relações de consanguinidade. Ao mesmo tempo, a circulação de mulheres asseguraria a troca entre os indivíduos e os grupos.

Antropologia nas últimas décadas

Em 1973, Clifford Geertz publica *A interpretação das culturas,* fundando a Antropologia Interpretativa nos Estados Unidos, baseada no paradigma hermenêutico. Geertz se filiou às ideias de Evans-Pritchard, no que se referia a questionamento da antropologia como ciência e na proposição de um caráter mais interpretativo para a disciplina, aproximando-a de outras matérias no âmbito das Ciências Humanas. Para ele, "a cultura não era mais gramática a ser desvendada, e sim uma língua a ser traduzida a partir da cultura do antropólogo para os membros de outras culturas" (BARNARD, 2003, p. 158). Assim, Geertz foi o expoente interpretativista na antropologia americana.

O conceito de cultura, em Geertz, terá um caráter semiótico e será designado como teia de significados constituída pelo homem, conforme inspiração em Max Weber, o que dá abertura para estabelecer o seu estudo a partir de uma ciência interpretativa, na busca por significados, e não necessariamente por leis que regem a sociedade. Nesse sentido, a "cultura é compreendida como uma entidade relativamente autônoma que o antropólogo tem como desafio desvendar os símbolos presentes através da interpretação" (GEERTZ, 2008, p. 15).

Nesse sentido, caberia ao antropólogo a prática etnográfica, realizando uma "descrição densa" (GEERTZ, 2008, p. 13) sobre a cultura do outro, por meio de escritos em diários, genealogias entre os indivíduos, mapeamento do campo de modo sistemático, para compreender o contexto cultural em que ocorre a ação simbólica. Essa interpretação elucidada não é única e também não reivindica status de verdade absoluta, é apenas uma afirmação etnográfica sobre sua interpretação das estruturas de significado socialmente estabelecidas.

 **Saiba mais**

Os estudos de Geertz sobre as brigas de galo balinesa, em 1958, apresentam expressões simbólicas de disputas e desavenças que representam as relações entre os homens naquela sociedade. Por meio da briga animal, evidencia-se a condição humana daqueles que apostam, treinam galos e assistem as rinhas.

No final do século XX, o antropólogo norte-americano James Clifford publica *A experiência etnográfica,* a fim de pensar sobre a autoridade da produção etnográfica e as possibilidades de escritura do outro. Com isso, aproxima a literatura da antropologia e aposta na ideia de que as etnografias são verdades parciais, afastando-se da noção totalizante que algumas ramificações da antropologia pretendiam dar para as etnografias realizadas.

Para Clifford (1998), a cultura é considerada como polissêmica, aberta, multifacetada, com inúmeros significados, que são interpretados e negociados entre o antropólogo e seus interlocutores. Logo, a etnografia sobre o outro traz uma representação polifônica, através do discurso textual, implicando uma ética e uma estética metodológica para compreensão de determinada realidade.

Marcus Georges escreve com Clifford *A escritura da cultura,* em 1986, para evidenciar a relação entre a antropologia e o colonialismo, questionando sobre as dimensões políticas e poéticas da etnografia. Deste modo, os autores defendem que os modos narrativos e os recursos retóricos, utilizados pelo antropólogo na escrita sobre o outro, também incidem na apresentação desse. Desde o século XIX, a Antropologia vem se firmando como uma disciplina científica difundida nas principais universidades existentes, tanto como curso de graduação, quanto como matéria introdutória a ser cursada nas diferentes áreas do conhecimento. Nesse sentido, como enfatiza Feldman-Bianco (2011, p. 4), a pesquisa antropológica é:

> [...] extremamente relevante para desvendar problemáticas que estão na ordem do dia sobre a produção da diferença cultural e desigualdades sociais, saberes e práticas tradicionais, patrimônio cultural e inclusão social e, ainda, desenvolvimento econômico e social. No quadro da globalização contemporânea, além de contribuir cada vez mais para a formulação de políticas públicas e propostas para a sociedade, a antropologia apresenta os aparatos necessários para expor a dimensão humana da ciência, tecnologia e inovação. Ao mesmo tempo, no curso de seus processos de transformação e internacionalização, surgem novos desafios e perspectivas para o ensino, a pesquisa e a atuação de antropólogos e antropólogas.

 **Exercícios**

1. "Os povos combatem entre si sem arte e sem ordem. Os velhos com certas perorações inclinam os jovens ao seu querer, incitando-os à batalha, na qual se matam com crueldade: e aqueles que na batalha são feitos cativos, não vivos, antes para seu alimento servem, por ocasião de sua morte; pois que os vencedores comem os vencidos, e das carnes a humana é entre eles alimento comum." (Carta de Américo Vespúcio, de 1503, sobre sua viagem ao Novo Mundo) Assinale a alternativa que apresenta o momento da Antropologia a qual esses relatos correspondem:

a) Aos pós-modernistas.

b) Aos interpretativistas.

c) Aos funcionalistas.

d) Aos primeiros viajantes europeus.

e) Aos estruturalistas.

2. Bronislaw Malinowski determinava

um trabalho de campo sistemático e metódico entre os nativos.

I. Aprender a língua dos nativos para se comunicar diretamente com eles.

II. Ficar longo tempo em trabalho de campo para conviver com os nativos.

III. Só acompanhar os nativos nas atividades diárias de interesse do antropólogo.

Assinale a alternativa que está de acordo com a proposta do autor:

a) I.
b) II.
c) I e II.
d) II e III.
e) I, II e II.

3. Assinale a afirmação que corresponde corretamente a ramificação da Antropologia.

a) Os evolucionistas buscavam a crítica do pensamento antropológico no século XX.

b) Os funcionalistas percebiam a cultura como fragmentada e multifacetada.

c) Os estruturalistas buscavam as leis gerais do pensamento humano.

d) Os interpretativistas percebiam a cultura em sua totalidade e generalidade.

e) Os pós-modernos retomaram a metodologia das clássicas etnografias.

4. "Acreditando, como Marx Weber, que o homem é um animal amarrado a teias de significados que ele mesmo teceu, assumo a cultura como sendo essas teias e a sua análise; portanto, não como uma ciência experimental em busca de leis, mas como uma ciência interpretativa, à procura do significado. É justamente uma explicação que eu procuro, ao construir expressões sociais, enigmáticas na sua superfície"

A descrição acima refere-se:

a) à cultura para Bronislaw Malinowski.

b) ao fato social total para Marcel Mauss.

c) à cultura para Clifford Geertz.

d) aos fenômenos culturais para Franz Boas.

e) à cultura para James Clifford.

5. Assinale a alternativa que corresponde à expansão e aplicação da antropologia:

a) É uma disciplina que apenas evidencia generalização abstratas.

b) É uma disciplina que se apoia somente em evidências empíricas.

c) É uma disciplina que nos ajuda a compreender as problemáticas sociais.

d) Não é uma disciplina, pois ainda não se consolidou no campo científico.

e) Não é uma disciplina, pois carece de metodologias científicas.

 **Referências**

BARNARD, A. *History and theory in anthropology.* Cambridge: Cambridge University Press, 2003.

BARNARD, A.; SPENCER, J. *Encyclopedia of cultural and social anthropology.* London: Routledge, 2002.

CLIFFORD, J. *A experiência etnográfica:* antropologia e literatura no século XX. Rio de Janeiro: Editora UFRJ, 1998.

FELDMAN-BIANCO, B. A antropologia hoje. *Ciência e Cultura,* São Paulo, v. 63, n. 2, abr. 2011. Disponível em: <http://cienciaecultura.bvs.br/scielo.php?script=sci_arttext&pid=S0009-67252011000200002&lng=en&nrm=iso>. Acesso em: 21 ago. 2017.

GÂNDAVO, P. de M. de. *A primeira história do Brasil:* história da província de Santa Cruz a que vulgarmente chamamos de Brasil. 2. ed. Rio de Janeiro: Jorge Zahar, 2004.

GEERTZ, C. *A interpretação das culturas.* Rio de Janeiro: LTC, 2008.

GHIRALDELLI, P. *A filosofia como passeio e como digestão.* 2013. Disponível em: <http://ghiraldelli.pro.br/filosofia/a-filosofia-como-passeio-e-como-digestao.html>. Acesso em: 21 ago. 2017.

LÉVI-STRAUSS, C. *Antropologia estrutural I.* Rio de Janeiro: Tempo Brasileiro, 1973.

MALINOWSKI, B. *Argonautas do pacífico ocidental.* São Paulo: Abril Cultural, 1984.

MAUSS, Marcel. *Sociologia e Antropologia.* São Paulo: E.P.U., 1974.

OLIVEIRA, R. C. de. *O trabalho do antropólogo.* 2. ed. Brasília: Paralelo 15; São Paulo: Editora Unesp, 2000.

OLIVEIRA, R. C. de. *Sobre o pensamento antropológico.* Rio de Janeiro: Tempo Brasileiro; Brasília: CNPq, 1988.

RADCLIFFE-BROWN, A. R. *Estrutura e função na sociedade primitiva.* 2. ed. Petrópolis: Vozes, 2013.

SILVA, B. S. *Documentário:* estranhos no exterior: as correntes da tradição - Franz Boas. Boteco Literário, c2017. Disponível em: <http://botecosociologico.blogspot.com.br/2014/06/documentario-estranhos-no-exterior-as.html>. Acesso em: 24 ago. 2017.

STADEN, Hans. *Viagem ao Brasil.* Rio de Janeiro: Oficina Industrial Gráfica, 1930. Disponível em: <https://tendimag.files.wordpress.com/2012/12/hans-staden-viagem-ao-brasil-1930.pdf>. Acessado em: 21 ago. 2017.

Leituras recomendadas

BARTH, F. *One discipline, four ways:* british, german, french, and american anthropology. Chicago: The University of Chicago Press, 2005.

CASTRO, C. (Org.). *Evolucionismo cultural.* Rio de Janeiro: Jorge Zahar, 2005.

FREEMAN, D. *Margaret Mead and Samoa:* the making and unmaking of an anthropological myth. New York: Penguin Books, 1985.

OLIVEIRA, R. C. de. *Evolucionismo cultural.* Rio de Janeiro: Jorge Zahar, 2005.

Cultura

Objetivos de aprendizagem

Ao final deste texto, você deve apresentar os seguintes aprendizados:

- Reconhecer o que é a cultura.
- Entender como uma cultura se desenvolve.
- Identificar o papel da cultura na antropologia.

Introdução

Neste capítulo, discutiremos o que é cultura, como se aborda esse conceito e a sua relação com a antropologia.

Introdução à cultura

O que você entende por cultura? Você acha que todo mundo tem cultura? Ou cultura é só o que se aprende na escola? Você precisa compreender que a cultura não é só o que se aprende na escola. Todo mundo tem cultura, porque a cultura é transmitida de geração a geração, de pessoa a pessoa, como herança social.

É a partir da cultura que os seres humanos convivem e aprendem a habitar o mundo em que vivem. Assim, o homem não só passa por uma aprendizagem cultural, através do processo de socialização, como também pode transmitir aspectos culturais ao grupo social. Símbolos e linguagens são compartilhados e compreendidos como herança social – e não como herança biológica/genética – pelos membros de uma mesma comunidade, de modo que esses elementos identificadores da cultura são considerados como normas e regras fundamentais para sobreviver em uma sociedade.

Figura 1. Cultura africana
Fonte: Cultura africana (2016).

O estudo sobre a cultura pode variar de tempos em tempos, de autor para autor, de paradigma para paradigma. Sendo assim, podemos dizer que é por meio desse conceito que os antropólogos estudam o "outro". O antropólogo evolucionista Tylor (1920, p. 1) definiu cultura, em 1871, como "aquele todo complexo que inclui conhecimento, crença, arte, moral, direito, costume e outras capacidades e hábitos adquiridos pelo homem como membro de uma sociedade". Com o tempo, outros autores vão problematizando essa noção totalizante de cultura, tornando-a mais interpretativa, mais parcial, mais polissêmica, saindo da ideia do todo para apresentar feições da cultura.

De qualquer modo, podemos dizer que a cultura se "manifesta por meio de diversos sistemas" (DIAS, 2010, p. 67) – como o sistema de valores, o de normas, o de ideologias, o de comportamentos, entre outros – dentro de um território específico, em determinada comunidade cultural, e influencia os indivíduos na concretização das suas ações sociais. É na interação entre os indivíduos e os grupos que são construídos e negociados os parâmetros culturais nos quais as ações sociais se realizam, constituindo, assim, uma identidade própria para cada cultura, como é o caso da cultura brasileira.

Portanto, podemos dizer também que a cultura é exclusiva das sociedades humanas, já que, a partir dela, se pode traçar a diferenciação entre o homem e o animal. O homem é o único ser vivo que tem capacidade para o acúmulo cultural, tanto pela quantidade dessa produção, como pela complexidade da sua natureza. Nesse sentido, a linguagem humana é fundamental para a comunicação simbólica, e sua importância se dá não só pelo idioma em questão, mas também pelos gestos, sotaques e expressões locais que denotam a circulação de sentidos em determinada cultura. Logo, tudo o que é criado pelas sociedades humanas, para satisfazer as suas necessidades e viver em sociedade, seja tangível ou intangível, está englobado na cultura.

Link

Produzido em 1922, por Robert Flaherty, este filme documenta a vida de uma família inuíte (esquimós) durante um ano. Por meio de imagens e da sequência de cenas inusitadas, o cineasta apresenta o modo de vida de uma família que vive praticamente isolada

https://goo.gl/Qy5Yx4

Perspectivas de análise sobre a cultura

Para aprofundar a discussão, vamos nos inspirar nas características que envolvem a atuação do conceito de cultura apresentada por Roque Laraia (2001). Ele propõe cinco pontos para mostrar a operação desse conceito, são eles: a cultura condiciona a visão do homem, a cultura interfere no plano biológico, os indivíduos participam diferentemente de sua cultura, a cultura tem uma lógica própria e a cultura é dinâmica.

A cultura condiciona a visão do homem

Os seres humanos são incentivados a agir de acordo com as regras e os padrões culturais que são estabelecidos pelos membros da cultura. Aqueles que destoam do proposto são considerados desviantes. Para Becker (2008, p. 22), o desvio é visto como "produto de uma transação que tem lugar entre algum grupo social e alguém que é visto por esse grupo como infrator de uma regra". Ser considerado infrator gera consequências discriminatórias nas sociedades. Por isso, de modo geral, o indivíduo é condicionado a agir de acordo com o padrão esperado naquela cultura.

Ainda que os homens tenham uma configuração biológica comum, o modo como eles acionam esses mecanismos biológicos para habitar o mundo é distinto. Dentro das sociedades, cada um pode ocupar um papel social diferente, determinado pelo convívio entre os membros da comunidade. Por isso, a aprendizagem cultural não se dá como herança biológica e sim como herança social através da imitação e reprodução, consciente e inconsciente, dos aspectos culturais que permeiam o ambiente social no qual os indivíduos estão mergulhados.

A cultura interfere no plano biológico

A forma como vivem os seres humanos pode afetar o organismo biológico de diferentes maneiras, gerando impactos nas necessidades fisiológicas básicas. Um estilo de vida baseado em uma alimentação saudável pode fazer com que os indivíduos vivam mais do que um estilo de vida de pouco sono, má alimentação, muito trabalho. Entretanto, não nos alimentamos apenas para satisfazer as necessidades, mas também por prazer. O que é considerado prazeroso é construído no âmbito da cultura.

Ainda é preciso enfatizar que o que comemos não está condicionado apenas ao desejo, mas passa pelo o que temos de acesso a alimento em nossa cultura. O domínio da agricultura faz com que possamos ter alimentos nas diferentes estações, mas não é em todos os países do mundo que as frutas são frescas, acessíveis e baratas, por exemplo.

Nas sociedades contemporâneas, somos acostumados com os chamados "*fast foods*", que são comidas de preparo rápido, industrializadas, de baixo valor nutricional, mas com alto valor calórico. A popularização desses produtos, conjuntamente com o estilo de vida agitado, faz com que cada vez mais a população consuma esse tipo de alimento, o que gera o aumento da prevalência da obesidade e maior probabilidade de problemas de saúde.

Saiba mais

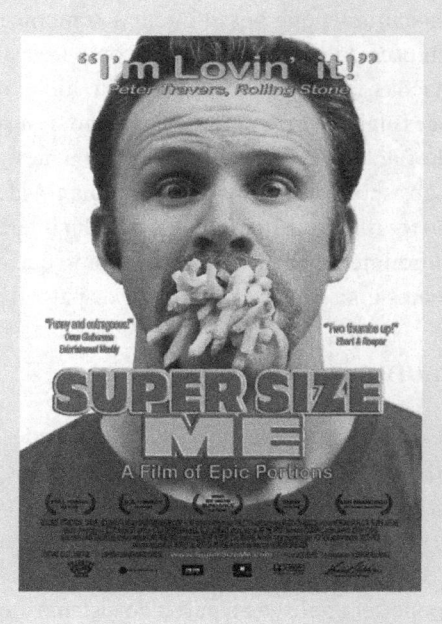

Para ter um melhor entendimento quanto aos prejuízos dos "*fast food*", você pode assistir ao filme "*Super Size me*" de Morgan Spurlock, que se alimenta apenas de comida de *fast food* durante um mês, para analisar os efeitos dessa dieta hipercalórica em seu corpo.

Os indivíduos participam diferentemente de sua cultura

Inúmeras manifestações culturais acontecem em uma sociedade. No entanto, os seus membros participam parcialmente de todo esse arcabouço cultural. Ninguém consegue participar de tudo o que ocorre em sua cultura, justamente porque existem condicionantes que os limitam, como, por exemplo, gênero, idade, papel social, estilo de vida, entre outros. Conforme os indivíduos vão se desenvolvendo após o nascimento, acessam regras e normas na sociedade que lhes permitem participar de diferentes manifestações culturais. Na prática religiosa do catolicismo, quando criança, alguns são batizados, depois fazem a comunhão e somente com mais idade é que se pode realizar a cerimônia matrimonial.

Assim, os indivíduos carregam e reproduzem aspectos culturais diferentes durante suas vivências, fazendo com que cada ser humano contenha em si camadas de cultura. É importante que os indivíduos conheçam e participem de alguns aspectos culturais que possibilitem a comunicação e articulação com os outros membros da sociedade. Saber como agir e se comportar em determinadas situações faz parte da convivência, ainda que essa seja uma aprendizagem processual e nem sempre se aja como deveria.

O interesse pelo futebol, a prática de ir à praia ou mesmo acompanhar as festas de carnaval são aspectos culturais que conformam a identidade brasileira. No entanto, não são todos os brasileiros acessam, têm interesse ou participam do que oferece culturalmente o país. Ou seja, mesmo que estejamos imersos em uma cultura, temos uma participação relativa e parcial no que ela propõe.

A cultura tem uma lógica própria

Cada cultura tem a sua lógica própria, que revela um encadeamento de sentidos, pensamentos e ações que conformam a especificidade das culturas em si, de acordo com sua origem histórica e o território habitado. O que faz sentido para os membros de uma comunidade pode não fazer nenhum sentido para outra sociedade. Como nos diz Laraia (2001, p. 87), "A coerência de um hábito cultural somente pode ser analisada a partir do sistema a que pertence".

Como compreender as pinturas corporais entre os povos indígenas? Como não se impressionar com as danças populares? Como interpretar a fé religiosa nas diferentes sociedades? Como os indivíduos buscam os processos de cura para suas enfermidades? Assim, para compreendermos a lógica de outra pessoa, temos de nos afastar da nossa lógica, ou pelo menos estabelecer relações que permitam desvendar e acessar a explicação do outro individuo, sem as referências da nossa própria lógica.

A cultura é dinâmica

A cultura não está parada. A todo momento, diversos elementos culturais são reavaliados, conscientemente e inconscientemente, sendo que alguns são descartados, outros reinventados. Você pode comparar como estavam vestidas as pessoas nas fotos antigas guardadas no fundo da gaveta do armário com as vestimentas atuais, de quando saímos na rua. Pode pensar nas músicas da sua infância e nas músicas que tocam nas rádios hoje em dia. Analisar as gírias e palavras faladas pelos seus parentes mais antigos em relação às gírias que você fala com seus colegas. Essas mudanças e modificações se mantêm momentaneamente até que novas transformações na cultura modifiquem-nas.

Podemos dizer que as mudanças culturais ocorrem de modo **endógeno** ou **exógeno**. O modo endógeno pode ser decorrente do próprio sistema cultural, a partir dos membros que participam dessa sociedade. O modo exógeno se dá por meio de um contato cultural, com outros povos, que acaba interferindo em práticas culturais estabelecidas antes do contato. As mudanças podem ser específicas ou até mesmo modificar completamente os elementos culturais que antes faziam sentido para aquela cultura. Assim, quando descrevemos uma determinada cultura, para um estudo científico, temos de saber que ela não permanece estática em relação ao seu modo de estar no mundo.

Link

Sobre as mudanças culturais e de sentidos que, nos centros das grandes cidades, ao mesmo tempo permitiram a criação de espaços de confluência e trocas musicais, de gostos e de populações, você pode ler a reportagem abaixo:

https://goo.gl/2WqXEJ

O estudo antropológico sobre a cultura

Ao estarmos imersos em outra cultura, participamos e conhecemos o que faz sentido apenas ali, e não em outro contexto cultural, como o de origem do antropólogo. Assim, a antropologia não vai ser aquela que está do ponto de vista do observador ou do ponto de vista do observado, mas será uma "prática que surge em seu limite, ou melhor, em sua intersecção." (LAPLANTINE, 2003, p. 158). Logo, atentos a essa intersecção, vamos compreendendo as regras e normas da cultura de outro individuo, desvendando seus sentidos e suas motivações, pois, como diz Kottak (2013, p. 43), "As culturas são sistemas humanos de comportamento e pensamento, obedecem a leis naturais, podendo, portanto, serem estudadas de modo científico" (Figura 2).

Figura 2. Malinowski e os trobriandeses.
Fonte: Duarte (2011).

Nesse estudo, ter critério e método é crucial para acessar e perceber elementos da cultura a serem interpretados, que não são tão evidentes ao estrangeiro. Desde o início, partimos da ideia de que toda cultura é complexa, extremamente rica e cheia de sentidos. Como diz Cuche (1999, p. 239), "Não há cultura que não tenha significação para aqueles que nela se reconhecem. Os significados como os significantes devem ser examinados com a maior atenção". Por isso, se você está disposto a estudar o homem e a sociedade em que ele vive, certamente vai abordar a discussão de cultura. Se deseja explicar os significados dos acontecimentos sociais do mundo em que vivemos, passará pelo estudo de seus elementos culturais. Se acompanha as mudanças culturais nas sociedades, será necessário compreender as modificações culturais ao longo dos tempos.

E é buscando essas significações, expressas na cultura, que vamos reconhecer as diferenças culturais. Isso é fundamental para um mundo que convive com inúmeras culturas e sociedades, próximas, cada vez mais, umas das outras, pelos avanços tecnológicos que se popularizam rapidamente mundo afora. Pensar na cultura como um **conceito antropológico**, como propõe Laraia (2001), torna-se chave para aprofundar o olhar sobre a sociedade, além de possibilitar aplicar esse mesmo olhar em outras áreas do conhecimento, como Educação, História, Políticas Públicas, entre outras.

Logo, o que se deseja é reconhecer a potência das categorias de análise dessa disciplina para a compreensão dos homens em sociedade. E aqui, o conceito de cultura possibilita uma virada epistemológica de pensar em nós através do olhar do outro, de modo que, ao analisar a cultura deste individuo, tendo a cultura do observador como referência, seja possível questionar nossos próprios parâmetros culturais. Nesse sentido, para entender outras culturas, é preciso aprofundar o entendimento da nossa própria cultura, e, por mais proximidade que tenhamos com ela, é necessário o esforço de avaliá-la pelo olhar do estrangeiro, que suspende seu julgamento, participa e se deixa vivenciar a cultura junto com outra pessoa.

Exercícios

1. As culturas são sistemas humanos de comportamento e pensamento, obedecem a leis naturais, podendo, portanto, ser estudadas de modo científico. Sobre a noção de cultura, de acordo com a obra *Um espelho para a humanidade: uma introdução à Antropologia Cultural*, de Kottak, assinale a alternativa correta:
a) A cultura não contempla o conhecimento adquirido pelo homem que vive em sociedade.
b) A cultura desconsidera as

crenças adquiridas pelo homem que vive em sociedade.
c) A cultura não contempla as regras morais adquiridas pelo homem que vive em sociedade.
d) A cultura contempla as características adquiridas pelo homem por sua determinação genética.
e) A cultura contempla as artes adquiridas pelo homem que vive em sociedade.

2. Com base na aprendizagem cultural,

as pessoas criam, recordam e lidam com ideias. Elas compreendem e aplicam sistemas específicos de sentidos simbólicos. Sobre a aprendizagem cultural, de acordo com a obra *Um espelho para a humanidade: uma introdução à Antropologia Cultural*, de Kottak, assinale a alternativa correta:

a) As crianças são as que possuem maior abertura e facilidade para apreensão dos elementos culturais.

b) A cultura seria um processo exclusivo dos seres vivos.

c) A cultura jamais pode ser entendida como uma espécie de mecanismo de controle para comandar o comportamento.

d) A cultura pode ser absorvida somente de modo inconsciente.

e) A aprendizagem cultural não é simbólica.

3. Segundo White (1959, p. 3), a cultura se originou quando os nossos antepassados adquiriram a capacidade de usar símbolos, ou seja, originar e dar sentido a uma coisa ou evento e, correspondentemente, compreender e apreciar tais significados. Nesse sentido, assinale a alternativa correta:

a) O símbolo oculta a capacidade humana de originar e criar sentido para algo.

b) O símbolo é sempre linguístico.

c) Nenhuma sociedade humana é capaz de construir símbolos.

d) O processo de enculturação individualiza as pessoas, não permitindo a partilha das mesmas visões.

e) As culturas nunca mudam.

4. A cultura é transmitida na sociedade. Ela não é um atributo de indivíduos em si, e sim dos indivíduos como membros de grupos. Sobre isso, de acordo com a obra *Um espelho para a humanidade: uma introdução à Antropologia Cultural*, de Kottak, assinale a alternativa correta:

a) Cultura nunca expressa nem organiza as nossas necessidades naturais, tais como a forma de comer.

b) Aquilo que não é da ordem da ciência não é relevante para a cultura.

c) A natureza humana é acrescida pela cultura, condicionando as próprias relações entre as pessoas.

d) A cultura raramente é integrada ao mesmo tempo, ou seja, quando algo muda, geralmente, o sistema permanece inalterado.

e) A cultura não é o principal mecanismo de adaptação do ser humano.

5. A cultura nos ensina a expressar de forma particular as demandas biológicas naturais que compartilhamos com outros animais. Sobre a cultura, de acordo com a obra *Um espelho para a humanidade: uma introdução à Antropologia Cultural*, de Kottak, assinale a alternativa correta:

a) O ser humano herdou dos macacos a vida social em grupos.

b) A capacidade humana de segurar objetos e a destreza com as mãos indica que nossos ancestrais eram sedentários.

c) A possibilidade de cultura do ser humano remonta aos primeiros produtores de artefatos.

d) O termo hominídeo não pode ser utilizado para todas as espécies humanas já existentes.

e) Os humanos são os únicos animais que se utilizam de artefatos com alguma finalidade.

Referências

BECKER, H. S. *Outsiders:* estudos de sociologia do desvio. Rio de Janeiro: Zahar, 2008.

CUCHE, D. *A noção de cultura nas ciências sociais.* Bauru: Edusc, 1999.

CULTURA africana. 2016. Disponível em: <https://www.geledes.org.br/cultura-africana/>. Acesso em: 21 ago. 2017.

DIAS, R. *Introdução à sociologia.* 2. ed. São Paulo: Pearson Prentice Hall, 2010.

DUARTE, L. F. D. *Antropologia é ciência?* 2011. Disponível em: <http://www.cienciahoje.org.br/noticia/v/ler/id/3085/n/antropologia_e_ciencia>. Acesso em: 21 ago. 2017.

KOTTAK, C. P. *Espelho para humanidade:* uma introdução concisa à antropologia cultural. 8. ed. Porto Alegre: AMGH, 2013.

LAPLANTINE, F. *Aprender antropologia.* São Paulo: Brasiliense, 2003.

LARAIA, R. *Cultura:* um conceito antropológico. 14. ed. Rio de Janeiro: Jorge Zahar, 2001.

MEDEIROS K. *Centro-Favela, Favela-Centro:* reflexos de mudanças culturais. 2015. Disponível em: http://revistalampiao.com.br/blog/centro-favela-favela-centro-reflexos-de-mudancas-culturais/. Acesso em: 24 de ago. 2017.

PANDYA, M. *What is the first documentary film made in history?* 2015. Disponível em: < https://www.quora.com/What-is-the-first-documentary-film-made-in-history>. Acesso em: 21 ago. 2017.

TYLOR, E. B. *Primitive Culture:* researches into the development of mythology, philosophy, religion, language, art, and custom. London: John Murray, 1920.

Universalismo, relativismo e multiculturalismo

Objetivos de aprendizagem

Ao final deste texto, você deve apresentar os seguintes aprendizados:

- Construir um bom conceito da relação entre culturas.
- Relacionar os conceitos de universalismo, do relativismo e do multiculturalismo.
- Distinguir uma boa maneira de se pensar em formas de resolução dos problemas da diferença.

Introdução

Neste capítulo, você observará a existência de traços antropológicos que podem ser universais, comuns ou gerais, e particulares. E por isso mesmo, você irá ler sobre a necessidade de aceitação da diferença como base para a construção de uma relação pacífica entre as culturas.

A relação entre as culturas

O avanço das tecnologias permite ultrapassar fronteiras de modo mais rápido e em maior frequência. Se você for de São Paulo a Porto Alegre de ônibus, o percurso levará por volta de 24 horas, mas se você for de avião, a duração da viagem é menor do que duas horas, o que facilita e oportuniza o deslocamento. Ainda que diferentes lugares do mundo estejam mais acessíveis, em grandes metrópoles, você pode escolher conhecer culturas que estão mais próximas, e isso não significa que elas sejam tão semelhantes às suas.

Esse contato pode evidenciar elementos culturais que você considere estranhos, causando certo estranhamento sobre o modo de vida do outro. Às vezes, pode até mesmo achar engraçado o modo como as pessoas de outras sociedades falam, se vestem ou mesmo dançam. Estranhar, em um primeiro momento, é como não entender direito o porquê a pessoa age de determinada forma, fala diferente ou mesmo come algum tipo de prato típico da região (Figura 1).

Figura 1. A diferença entre as culturas acarreta em diferenças conceituais.
Fonte: Ruas (2012).

Isso acontece por que somos etnocêntricos, ou seja, entendemos que o nosso modo de vida é o certo, correto, adequado, já que, para nós, é a nossa cultura e o que faz sentido nela é o que está no centro do nosso entendimento. Assim, a referência do que é certo e errado é dada pela cultura na qual nascemos. Então, podemos dizer que nascemos etnocêntricos e, com o passar do tempo, podemos aprender a relativizar o que temos como referência. Nesse sentido, o comportamento etnocêntrico pode até ser depreciativo em relação aos padrões culturais diferentes dos seus, julgando-os como imorais, aberrações ou equívocos.

Deste modo, temos de cuidar para que não apreendamos atitudes discriminatórias de diferentes ordens com a cultura do outro. Entendemos que, em um mundo que possibilita cada vez mais encontros, temos de saber conviver, relativizar e entender os diferentes modos de vida. Nem todos vão ter o mesmo certo e o mesmo errado, e, então, para que sejamos respeitados nos nossos pensamentos é preciso que respeitemos o certo e o errado do outro. Com o tempo e com o convívio cultural, o que era diferente pode se tornar compreensível quando analisado a partir de outros modos de vida. O meu certo e meu errado podem ser diferentes do certo e do errado do outro. Por isso, o nosso contato pode permitir uma negociação de sentidos, entendimentos e leituras sobre a sociedade que nos possibilite ampliar a formas de ver o mundo.

Link

Leia a matéria abaixo sobre os 40 anos do lançamento de *A erva do diabo*, que foi o primeiro livro Carlos Castaneda e o estranhamento do público ao acessar a obra.

https://goo.gl/zHG447

Universalismo, relativismo e multiculturalismo

Temos algumas correntes de pensamento que elucidam possibilidades de encontrar acordos universais, e outras que entendem que esses acordos devem considerar as diferenças culturais. Vamos tentar entender o que propaga cada uma delas e como podemos nos apropriar de suas discussões, para pensarmos a relação entre as culturas.

Universalismo

Em um cenário pós-segunda guerra, depois das crueldades cometidas pelo nazismo, o Movimento do Direito Internacional dos Direitos Humanos se organizou para instituir alguns parâmetros éticos da ordem internacional. Coube, assim, evidenciar alguns direitos considerados universais que perpassassem a condição geral da pessoa humana, independente de especificidades culturais. Desse modo, a Declaração Universal dos Direitos do Homem, de 1948, foi o documento adotado pela Organização das Nações Unidas (ONU) e que reconheceu a dignidade humana de todos os seres humanos, sem levar em consideração as diferenças entre as culturas.

A partir deste contexto histórico, o universalismo ganhou adeptos, principalmente, através de um discurso de proteção do homem, como diz Silva e Pereira (2013, p. 500):

> Com a universalização, portanto, buscou-se proteger o indivíduo simplesmente por ser um ser humano, independe de seu país, de sua cultura. Apenas a condição de ser humano é que interessa ao universalismo cultural, já que tais direitos decorrem inescusavelmente da própria dignidade humana, entendida como valor indissociável da condição de ser humano.

É delicado o tema de adoção de princípios universalistas para que não seja tomada de forma radical, impondo que alguns países possam decidir pelos outros o que é considerado universal ou não. Ainda mais em um contexto de imperialismo, de globalização e de disputa por hegemonia econômica o argumento universalista pode ser utilizado como um pretexto para interferência nas práticas culturais diversas visando a dominação e até a aculturação dos povos.

Relativismo

O relativismo cultural aposta na manutenção das diferenças culturais, preservando as identidades e a diversidade das inúmeras sociedades existentes. Neste pensamento, cabe considerar como parâmetro o respeito à autonomia de cada nação ou povo para definir sua forma de vida, conforme seus valores e crenças. E assim, opõe-se a criação de um parâmetro do universalismo, porque entendem que, se defini-lo como tal, pode buscar se sobrepor aos princípios e fundamentos de sociedades que não consideram esse parâmetro como legítimo.

A intepretação de Silva e Pereira (2013, p. 506) sobre os relativistas é que, para eles:

> [...] assim como há diversas culturais, há diversos sistemas morais, pelo que restaria impossível o estabelecimento de princípios morais de validade universal que comprometam todas as pessoas de uma mesma forma (PIOVESAN, 2006, p. 45). Ou seja, os que aderem a esta posição, a cultura é a única fonte válida do direito e da moral, capaz de produzir seu próprio e particular entendimento sobre os direitos fundamentais.

Logo, não haveria como propor um princípio universal entre os povos e sociedades existentes. A cultura torna-se preponderante para acessar, conhecer e até questionar práticas culturais consideradas absurdas.

Multiculturalismo

Para sair dessas correntes de pensamentos dicotômicos, uma nova proposta se apresenta: o multiculturalismo. Esse conceito entende que deve haver harmonia na convivência da pluralidade cultural. Boaventura de Sousa Santos (1997, p. 19) propõe uma definição mais aprofundada:

O multiculturalismo, tal como eu entendo, é pré-condição de uma relação equilibrada e mutuamente potenciadora entre a competência global e a legitimidade local, que constituem os dois atributos de uma política contra-hegemônica de direitos humanos no nosso tempo.

Deste modo, deve-se levar em consideração os princípios de igualdade e o reconhecimento das diferenças, para pensar em uma concepção de direitos humanos aglutinadora, híbrida e agregadora. Assim, não se deseja opor universalismo e relativismo, mas compor um diálogo entre essas teorias para defesa dos direitos humanos, sem descaracterizar as particularidades das diversas culturas.

Link

Você pode assistir a palestra de Boaventura de Sousa Santos sobre Direitos Humanos e suas problematizações sobre esses conceitos:

https://goo.gl/r26eZK

Trabalho do antropólogo e olhar do outro

Depois de compreendermos um pouco mais das relações entre as culturas e das correntes de pensamento sobre como pensar os direitos humanos e as culturas no âmbito universal, vamos refletir em relação ao cotidiano da pesquisa antropológica. Ou seja, diante do debate teórico em como enquadrar as sociedades humanas, cabe imaginar como será o nosso encontro com alguém de uma cultura estranha a nós.

O que importa, primeiramente, é que estejamos, de fato, interessados em conhecer e compreender o modo de vida de outras pessoas. Sejam pescadores, trabalhadores informais, dançarinos, empresários, gestores, entre outros, cabe a dedicação no encontro etnográfico. Para Cardoso de Oliveira (2000, p. 24), é nesse encontro que se:

Cria um espaço semântico partilhado por ambos interlocutores, graças ao qual pode ocorrer aquela "fusão de horizontes" – como os hermeneutas chamariam esse espaço –, desde que o pesquisador tenha habilidade de ouvir o nativo e por ele ser igualmente ouvido, encetando formalmente um diálogo de "iguais", sem receio de estar, assim, contaminando o discurso do nativo com elementos do seu próprio discurso.

Cabe o diálogo entre pesquisador e pesquisado, de modo que a vivência em uma cultura é imprescindível para o primeiro poder acompanhar uma forma de ver a vida diferente daquela que ele conhece. Alguns processos de negociação podem ser mais demorados do que outros, mas é preciso que o pesquisado adquira certa confiança no pesquisador e no seu trabalho, para que a fusão de horizontes ocorra. Assim, o produto gerado pela pesquisa antropológica registrará os meandros desse encontro que permitiu acessar compreensões e explicações, que seriam inacessíveis sem a interlocução entre o pesquisador e o pesquisado, durante o trabalho de campo.

Para isso, o autor ainda levanta algumas "faculdades do entendimento" (OLIVEIRA, 2000, p. 17), inerentes ao modo de conhecer o outro em Ciências Sociais, cujos atos cognitivos possibilitam que a mescla de horizontes seja material de reflexão do pensamento científico. São eles: olhar, ouvir e escrever. Vamos falar sobre cada um deles!

O olhar pode ser, inicialmente, curioso ou mais atento, e aos poucos vai sendo treinado para buscar gestos, atos, elementos culturais que sejam relevantes para conhecer mais a cultura do outro. Ainda que tenhamos lido sobre outros modos de vida, quando chegamos em outras sociedades, é possível que diferentes aspectos culturais chamem a nossa atenção. Assim, de modo empírico, vamos observando para acessar, conhecer, entender o que, em um primeiro momento, parece-nos estranho. Esse olhar vai se direcionando, se aperfeiçoando, se complexificando, tornando-se ferramenta de conhecimento da cultura do outro.

Entretanto, somente observar não nos garante esse conhecimento. É preciso complementar o que vemos, com o que ouvimos. Assim como o olhar, o ouvir de forma mais atenta e apurada envolve uma aprendizagem de quem escuta, que se molda de acordo com os interesses desse conhecimento. Deixar de lados os ruídos e se dedicar a uma escuta atenta, que leve a compreender os simbolismos que veiculam o som, a voz, a música, entre outros. Durante o carnaval, a dimensão sonora de um desfile na avenida pode expressar a força de uma comunidade, alinhada em um mesmo canto, comemorando sua união e seus esforços para estarem ali.

Cabe ouvir o outro em suas manifestações culturais, mas também entrevistá--los para questionar o que não se entende, para aprender com quem discursa sobre seu modo de vida com facilidade, para entender o argumento que, às vezes, não faz muito sentido para quem escuta. Assim, esse ato cognitivo possibilita aprofundar a leitura sobre o outro. O que pode parecer óbvio para um, pode ser completamente entranho para outro. Ainda mais se a língua a qual estamos estudando não é a mesma que a nossa. Desde Malinowski (1976), recomenda-se que o próprio pesquisador conheça, aprenda e estude o idioma do outro, por mais diferente que possa ser do seu. Assim, a convivência entre os interlocutores vai fazendo com que a compreensão das palavras, juntamente aos gestos expressados, potencialize a relação dialógica entre eles, pesquisador e pesquisado.

Tendo realizado o trabalho de campo, cabe registrar por meio da escrita, de forma descritiva, todos os elementos que te chamaram a atenção, contando, como história, os meandros do encontro etnográfico. É importante ter um diário de campo para anotar informações, descrever cenas, refletir mais profundamente sobre dúvidas, propor perguntas sobre o que viu e mesmo olhar o diário futuramente, quando já tiver entendido coisas que antes você não compreendia sobre o outro, depois parecem tão evidentes. Também é através desse material que você poderá utilizar para informar outros pesquisadores sobre o que vem sendo estudado, e até mesmo trocar ideias e possibilidades interpretativas em relação ao fenômeno estudado.

Como nos lembra Geertz (2002), é no estar lá que você vai ouvir e ver, ao vivenciar juntamente com o outro, momentos de seu estilo de vida, mas é no estar aqui, dentro do escritório, ao escrever, que poderá ter *insigths*, fazer relações, produzir organogramas, analisar os pormenores, dimensionando a interpretação do fenômeno estudado. Nesse sentido, o registro no diário de campo, a descrição densa ou mesmo a produção de um *paper*, possibilita um momento de produção intelectual a partir dos dados observados, sendo ela um papel chave para um estudioso das culturas e das sociedades.

Inicialmente, o estranhamento sobre o outro faz com que o pesquisador seja sensibilizado a prestar mais atenção no que faz, no que diz, no que sente aqueles que são pesquisados. Mas é por meio desse longo processo de encontro etnográfico (OLIVEIRA, 2000) que a relação entre as culturas, nas suas diferenças e proximidades, possibilita que as experiências do antropólogo se transforme em conhecimento científico.

Link

Assista o vídeo da antropóloga Débora Diniz sobre "Como fazer um diário de campo". Acesse o link ou o código a seguir.

https://goo.gl/7WV7Sa

Exercícios

1. "A cultura [...] é o todo complexo que inclui conhecimentos, crenças, artes, regras morais, leis, costumes e quaisquer outras capacidades e hábitos adquiridos pelo homem como membro da sociedade" (Tylor, 1871/1958, p. 1). Sobre as características das culturas, de modo geral, marque a alternativa correta:

a) Não existem características iguais entre culturas distintas.

b) Existem características biológicas, psicológicas, sociais e culturais, de caráter universal, sendo encontradas em todas as culturas.

c) Existem características que são generalidades a todos os grupos humanos.

d) Não existem traços que sejam particularidades exclusivas de certas tradições culturais.

e) Entre as características universais sociais, está a vida isolada de grupos, como a família.

2. A cultura não é um atributo de indivíduos em si, e sim dos indivíduos como membros de grupos. A cultura é transmitida na sociedade. A partir desse conceito, marque a alternativa correta:

a) A família nuclear é componente necessário em qualquer civilização.

b) Uma generalidade cultural que está presente em muitas sociedades, mas não em todas, é a família nuclear.

c) As sociedades jamais podem partilhar crenças por empréstimo ou por dominação.

d) A falta de uso do idioma inglês, de maneira quase universal e comum, é um jeito de mostrar essa partilha, ao redor do mundo, diante da maneira de se relacionar.

e) O sistema de empréstimos culturais tem diminuído com a globalização.

3. As culturas não são conjuntos casuais de costumes e crenças, e sim sistemas integrados que seguem padrões. Se uma parte do sistema muda (p. ex., o conjunto da economia), outras partes também mudam. A partir disso, marque a alternativa correta:

a) A cultura é uma coisa só e imutável.

b) As culturas são estáticas e mudam raramente.

c) A cultura não pode ser contestada.

d) O indivíduo e a cultura estão ligados, porque a vida social humana é um processo no qual os indivíduos internalizam os sentidos de mensagens.

e) A mudança cultural nunca compõe o seu próprio modo de se estender pelo tempo.

4. No mundo contemporâneo, os sistemas dos quais participamos como indivíduos não são apenas locais ou regionais; eles têm âmbito nacional e internacional. A partir disso, marque a alternativa correta:

a) Em sua forma mais extrema, o universalismo cultural argumenta que não há moralidade universal, superior ou internacional.

b) A cultura pública nega comportamentos sociais aceitos em nível geral, códigos de vestimenta, língua e outras formas de expressão que os cidadãos manifestam em espaços públicos.

c) A cultura internacional se restringe às fronteiras nacionais.

d) O etnocentrismo é a tendência de se considerar a própria cultura como inferior e se submeter a outros valores culturais, ao julgar o comportamento e as crenças de pessoas criadas em outras culturas.

e) A cultura cívica de um país inclui a necessidade de seus cidadãos observarem o sistema jurídico e de participarem de eleições formais e de associações voluntárias e religiosas.

5. A ideia dos direitos humanos invoca um reino de justiça e moralidade que está além de leis e costumes de determinadas culturas. Esses direitos são considerados inalienáveis e internacionais. Junto ao movimento de direitos humanos, surgiu a consciência da necessidade de se preservar direitos culturais. Ao contrário dos direitos humanos, os direitos culturais não são conferidos a indivíduos, e sim a grupos, como minorias étnicas, religiosas e sociedades indígenas. Nesse sentido, assinale a alternativa correta:

a) Os direitos humanos não abordam o direito de se expressar livremente, de ter crenças religiosas sem perseguição e de não ser assassinado, ferido, escravizado, nem preso, sem acusação.

b) Os direitos humanos dependem da relação econômica, pois estão ligados a ela, estando, porém, dependentes dela para se realizar.

c) A aculturação, um segundo mecanismo de mudança cultural, é o fenômeno em que não há troca alguma de traços culturais.

d) O termo globalização abarca uma série de processos que operam em nível transnacional, para desestimular transformações em um mundo no qual as nações e as pessoas são cada vez mais interligadas e mutuamente dependentes.

e) Os direitos culturais incluem a capacidade de um grupo preservar sua cultura, criar seus filhos à maneira de seus antepassados, dar continuidade à sua língua e de não ser privado, pelo país em que está, de sua base econômica.

Referências

GEERTZ, C. *Trabalhos e vidas:* o antropólogo como autor. Rio de Janeiro: UFRJ, 2002.

MALINOWSKI, B. *Argonautas do pacífico ocidental.* São Paulo: Abril Cultural, 1976.

OLIVEIRA, R. C. de. *O trabalho do antropólogo.* 2. ed. Brasília: Paralelo 15; São Paulo: Editora Unesp, 2000.

RUAS, C. *800 - Conceitos.* [2012]. Disponível em: <http://www.umsabadoqualquer.com/800-conceitos/>. Acesso em: 22 ago. 2017.

SANTOS, B. de S. Por uma concepção multicultural de direitos humanos. *Revista Crítica de Ciências Sociais*, n. 48, jun. 1997.

SILVA, M. F. da.; PEREIRA, E. W. Universalismos x relativismo: um entrave cultural ao projeto de humanização social. ENCONTRO NACIONAL DO CONPEDI / UNINOVE, 22. *Anais...* Florianópolis: FUNJAB, 2013.

Leituras recomendadas

CAPOZZOLI U. Experiências de estranhamento. 2008. Revista digital *Scientific American Brasil.* Disponível em: http://www2.uol.com.br/vivermente/reportagens/experiencias_de_estranhamento.html. Acesso em: 24 ago. 2017.

KOTTAK, C. P. *Espelho para humanidade:* uma introdução concisa à antropologia cultural. 8. ed. Porto Alegre: AMGH, 2013.

LAPLANTINE, F. *Aprender antropologia.* São Paulo: Brasiliense, 2003.

LARAIA, R. *Cultura:* um conceito antropológico. 14. ed. Rio de Janeiro: Jorge Zahar, 2001.

Processos culturais: difusão cultural, aculturação e endoculturação

Objetivos de aprendizagem

Ao final deste texto, você deve apresentar os seguintes aprendizados:

- Definir o conceito de processos culturais.
- Ilustrar os tipos de processos culturais na sociedade em que vivemos.
- Identificar a globalização cultural como atributo do mundo contemporâneo.

Introdução

A cultura permite o acúmulo de saberes compartilhado entre os seus membros ao longo do tempo. Esses saberes, no entanto, perpassam por aprendizagens na própria cultura e do contato dela com as outras. Assim, cada vez mais fica evidente que a grande maioria das culturas existentes não estão, totalmente, isoladas e não sobrevivem sozinhas.

Neste capítulo, você vai aprender o que são os processos culturais e como eles se relacionam com o cotidiano da sociedade em que vivemos. Para começar, você deve lembrar que cultura não é só o conhecimento que se aprende na escola, e que, a todo momento, estamos vivenciando culturas de diversas ordens, seja em casa, seja na igreja, seja na rua, etc. Deste modo, queremos dizer que o que é produzido pela cultura não é algo único e fechado, pelo contrário, está em constante modificação não só pelo passar do tempo, mas também pelo contato entre culturas.

O que são os processos culturais?

Não se pode definir rapidamente o que é o índio, pois essa definição só irá corresponder a uma perspectiva temporal, parcial e determinada. Atualmente, muitos povos indígenas não vivem mais isolados, e, mesmo morando longe dos grandes centros urbanos, alguns têm, em suas aldeias, televisão, celular, computador, etc. Por isso, é preciso considerar que as culturas são dinâmicas e os processos culturais pelos quais cada uma vivencia e constrói sua história na humanidade (Figura 1).

Figura 1. Cosmovisão e estéticas dos povos indígenas.
Fonte: Bentes (2016).

Processos culturais, conforme Marconi e Presotto (2010), são mudanças pelas quais as culturas passam, assimilando ou abandonando certos aspectos, traços ou padrões culturais que identificam esta ou aquela cultura. Ou seja, os acúmulos de modificações ocorridas nas culturas são percebidos como processos que especificam as suas próprias culturas.

Esses processos culturais podem ocorrer por meio de **fatores internos** (de forma endógena) ou **fatores externos** (de forma exógena) das próprias culturas. Para Marconi e Presotto (2010), a configuração processual é modificada quando: aperfeiçoam-se elementos através de invenções e descobertas, copiam-se elementos culturais de outras sociedades, abandonam-se aspectos culturais considerados inadequados ao novo contexto e esquece-se de traços culturais aprendidos por meio de transmissão de gerações.

Nesse sentido, o **contato cultural** entre uma pessoa e outra, ou mesmo entre uma sociedade e outra, permite trocas culturais que, consciente ou inconscientemente, impactam o modo de vida dos entes envolvidos. Essas trocas culturais podem ser parciais ou mesmo totais, de modo que o contato implica aceitação ou resistência em relação aos traços e aspectos culturais do(s) outro(s), assimilando padrões culturais e deixando de lado outros que não lhe fazem sentido. Assim, um estrangeiro que more no Brasil há anos pode saber falar muito bem o português, mas continua torcedor do seu time de coração da Europa, utiliza trajes de acordo com o país de origem e tem hábitos que para nós são considerados estranhos, mas que para ele fazem parte do seu cotidiano.

Os processos culturais de nossa sociedade

Os cientistas sociais notaram que as sociedades não estão mais isoladas, e que cada vez mais estabelecem relações densas, interferindo umas nas outras de forma direta e contínua. Então, vamos aprender a identificar os diferentes processos culturais que acontecem nas sociedades complexas, a fim de compreender e interpretar o mundo social.

 **Exemplo**

Os diversos elementos culturais que compõem a vida do cidadão norte-americano
O cidadão norte-americano está cercado de objetos provenientes de várias culturas que foram difundidas no seu dia a dia, por exemplo: ele utiliza um leito construído segundo o padrão originário do Oriente Próximo, mas que foi modificado na Europa Setentrional, antes de ser transmitido à América. Sai debaixo de cobertas feitas de algodão, cuja planta se tornou doméstica na Índia; podendo ser também de linho ou de lã de carneiro, ambos domesticados no Oriente Próximo; ou de seda, cujo emprego foi descoberto na China. Todos esses materiais foram fiados e tecidos por processos inventados no Oriente Próximo. Ao levantar da cama este cidadão faz uso dos "mocassins" que foram inventados pelos índios das florestas do Leste dos Estados Unidos e entra no quarto de banho, cujos aparelhos são uma mistura de invenções europeias e norte-americanas, umas e outras recentes. Tira o pijama, que é um vestuário inventado na Índia, lava-se com o sabão que foi inventado pelos antigos gauleses e faz a barba que é um rito masoquístico que parece provir dos sumerianos ou do antigo Egito (LINTON, 1959, p. 331).

Diante da multiplicidade dos processos culturais existentes, e que podem acontecer de modo concomitante ou não, destaca-se aqueles processos mais abrangentes e que impactam na sociedade. Eles são resultantes das interferências que as sociedades causam umas nas outras e, por isso, tornam-se objeto de estudo dos cientistas sociais.

Logo, foram criados conceitos, principalmente por sociólogos norte-americanos, a partir do estudo das diferenças culturais e dinâmicas dos povos, possibilitando o estudo das mudanças culturais nas sociedades complexas. Essas mudanças culturais também acontecem por conta das relações de poder que se dão no contato entre as culturas. Nesse sentido, também devemos lembrar das relações de poder entre as culturas que incidem, direta e indiretamente, no modo como ocorrem as trocas culturais. Por exemplo, um grupo dominante pode obrigar ou coagir para que o grupo dominado deixe de lado hábitos representativos de sua cultura e adquira novos.

De qualquer modo, os encontros entre sociedades permitem que as próprias sociedades avaliem os modos como elas realizam suas atividades, as ferramentas que utilizam para facilitar suas vidas e os valores considerados chaves para manutenção de seu grupo. Vamos, então, ver um pouco mais sobre os processos culturais que podemos identificar nas sociedades.

Difusão cultural

Difundir remete a ideia de propagar-se. Logo, podemos dizer que **difusão cultural** é "um fenômeno que explica como um padrão cultural ou uma invenção são transmitidos de uma sociedade a outra, mesmo não havendo o contato direto entre elas" (COSTA, 2010, p. 227). Esse conceito busca compreender como um elemento cultural se difunde através das culturas ainda que não haja proximidade constante e direta entre elas. Ou seja, ao longo dos tempos, algumas sociedades podem se aproximar e se afastar de outros povos, carregando os elementos culturais trocados adiante, ainda que depois se afastem em definitivo. Com isso, é possível questionarmos como certos aspectos culturais se difundiram em outras culturas, tais quais o uso do fogo, o ato de cozer os alimentos, a utilização de ferramentas semelhantes, o culto às entidades entre outras atividades e manipulação de objetos que são recorrentes em diversas culturas.

Essas ideias fundaram a proposta teórica do difusionismo cultural, que visava explicar a diversidade das culturas por meio da difusão de elementos culturais, contrapondo-se a noções evolucionistas, que explicavam o fato de recorrências culturais em regiões afastadas, por meio de um processo de evolução da humanidade, que passaria por estágios e etapas semelhantes.

Cabe dizer que a difusão de elementos culturais pode ocorrer sem ameaçar as culturas que as influenciam, pois, como as relações mantidas não são contínuas, dificilmente vão substituir os traços culturais já existentes. Essa adoção de um novo hábito cultural pode se dar por imitação ou por empréstimos entre as culturas, que estão em contato de modo pacífico. Entretanto, como este é um processo consciente e inconsciente, alguns hábitos e modos de vida são copiados parcialmente, sendo readaptados nas culturas que a recebem.

Aculturação

O intercâmbio dos elementos culturais intenso entre sociedades próximas e íntimas podem resultar em uma nova cultura. Logo, consideramos que a aculturação "é fusão de duas culturas diferentes que, entrando em contato contínuo, originam mudanças nos padrões de cultura de ambos os grupos" (MARCONI, PRESOTTO, 2010, p. 45).

Nesse sentido, a interferência de hábitos e elementos culturais pode transformar a cultura receptora, uma vez que se sugere a modificação de certos padrões culturais, como língua, valores e comportamentos, a partir desse contato. Essa troca pode ser recíproca, mas não necessariamente. Ela também pode variar de acordo com a intensidade, pois pode absorver somente parte dos traços culturais ou absorvê-los totalmente, como vamos ver adiante nas especificidades dos processos de aculturação.

A assimilação, conforme Marconi e Presotto (2010), considera um momento da aculturação em que a vivência entre grupos de forma próxima e contínua em um mesmo local estabelece vínculos e trocas dos hábitos de vida, chegando a certa "solidariedade cultural". Ao mesmo tempo, se essa proximidade se der em termos de dominação de uma cultura por outra, pode ser que a cultura dominada seja obrigada, pela força ou não, a substituir seus ritos, crenças, comportamentos e tradições por aquilo que a cultura dominante impõe.

Ao mesmo tempo, esse é um processo longo e complexo que modifica o modo de pensar, de agir, de sentir e de viver em uma sociedade, que vai se acomodando aos poucos em meio a cultura e faz com que os indivíduos partilhem outros valores e atitudes diferentes das suas de origem. Com o contato cultural, ao longo do tempo, a assimilação vai permitindo a integração entre as sociedades e a vivência comum entre elas.

De certa forma, é possível considerar que a assimilação permite uma homogeneização de certos elementos culturais presentes, se contrapondo a heterogeneidade dos diferentes comportamentos e formas de viver das diferentes culturas existentes. No entanto, não é sempre que esse processo acontece de modo pacífico, e a resistência dos povos pode reforçar a heterogeneidade dos aspectos culturais específicos de cada sociedade, legitimando suas identidades locais. Nesse sentido, para além da integração entre os povos, observa-se a diversidade cultural existente e resistente que evidencia a riqueza dos povos, suas histórias e seus modos de vida.

O **sincretismo** evidencia a mudança cultural, a partir transmissão geracional de elementos culturais diversos, ocorrida nos sistemas de valores e crenças que afetam questões de religiosidade das sociedades. Essa forma de troca cultural demonstra a dinamicidade das culturas e apresenta a possibilidade de compor, construir, agregar os sentidos e explicações para a construção do mundo, através de diferentes origens.

Nesse sentido, vamos pensar sobre a nossa sociedade. O antropólogo Roberto Da Matta (1987) nos lembra que a sociedade brasileira é relacional, pois nela se concretiza a síntese de modelos advindos de diferentes sociedades. A tríade majoritária que compôs a base da sociedade brasileira – os indígenas, os europeus e os africanos – compartilhou, de forma mais tensa ou menos tensa, crenças, valores, hábitos, gostos, sentidos, pensamentos que resultaram em novas manifestações culturais.

Um deles é o candomblé. Essa é uma religião que foi trazida com os negros escravizados no Brasil, e, sendo o país colonizado por portugueses católicos, as práticas religiosas do Candomblé eram reprimidas. Assim, seus praticantes, em seus ritos religiosos, disfarçavam a devoção aos seus deuses se direcionando aos santos da religião católica. Com o tempo, essa religião foi contraindo características próprias e seus elementos rituais englobaram aspectos da cultura caipira e da cultura indígena.

Link

Você pode assistir ao documentário *Um mensageiro entre dois mundos*, de Luiz Buarque de Holanda, sobre a pesquisa e vivência do antropólogo e fotógrafo Pierre Verger no candomblé da Bahia. Na gravação, ele apresenta o estranhamento e aproximação com as manifestações culturais dessa religião afro-brasileira, além de expressar seu encantamento pelo sincretismo vivenciado no cotidiano brasileiro.

https://goo.gl/afL902

Já a transculturação se realiza quando sociedades diferentes trocam elementos culturais específicos (MARCONI; PRESOTTO, 2010). Por meio de um elemento externo, a cultura em questão transforma-se padrões culturais, implicando a perda ou não de hábitos, crenças, gostos ou aspectos culturais anteriores. Esse conceito cabe para analisar fronteiras culturais em migrações transacionais ou encontros interculturais, pois é por meio desses contatos que são possibilitadas essas trocas.

Imagine um paulista morando no Rio Grande do Sul. Ao mesmo tempo em que ele transmitirá seu modo de vida para as pessoas da sua convivência, também aprenderá novas formas de vivenciar o Estado que ele sequer imaginava existir. Em parte do ano, sabemos que em São Paulo faz frio, mas no Sul a sensação do frio é ainda mais rigorosa, então será preciso que o paulista aprenda a tomar o mate, a usar polainas, os gorros e as botas não só para fazer charme como pretendia no Estado de origem, mas para se proteger, de fato, do frio intenso.

Endoculturação

Quando você nasce, a cultura já está disponível para vivenciá-la. E é nesse sentido que você vai aprendendo, absorvendo e, por conseguinte, disseminando cultura. Para analisar esse processo, vamos nos valer do conceito de endoculturação. Segundo Marconi e Presotto (2010, p. 47):

> O processo de "aprendizagem e educação em uma cultura desde a infância" é chamado **endoculturação** tanto por Feliz Keesing quanto por Hoebel e Frost. Herskovits emprega o termo endoculturação para conceituar a mesma coisa, significando, além disso, o processo que estrutura o condicionamento da conduta, dando estabilidade à cultura.

Ou seja, trata-se do processo educativo no qual os indivíduos aprendem, formal ou informalmente, a se portar no mundo em que vivem. Esse processo acontece continuamente de modo consciente ou inconsciente, enquanto os indivíduos imitam o que veem, percebem ou sentem na cultura em que estão. Desse modo, podemos pensar que a partilha de sentido do mundo é uma forma de construir sentimentos de pertença a esse mundo.

Globalização cultural no mundo contemporâneo

Diante dos avanços científicos dos últimos séculos, os transportes e os meios de comunicação possibilitaram relativizar a noção de distância. Hoje, em 24 horas, é possível viajar do Brasil para Japão, sem considerar o tempo das escalas. Por meio de um computador ou um celular conectado à rede, um morador de Belém do Pará, no Brasil, consegue conversar simultaneamente com outro morador de Lisboa, em Portugal. Ou seja, vivemos um contexto de globalização no qual é possível acessar culturas e sociedades que antes estavam, pela questão física, bastante afastadas. Para Milton Santos (2001, p. 23), a globalização é "o ápice do processo de internacionalização do mundo capitalista" e com isso as fronteiras culturais entre países, cidades e sociedades se aproximaram.

Duas correntes de pensamento defendem posições diferentes sobre esse processo de **globalização cultural**. Há quem entenda que se caminhe para uma homogeinização cultural, uma vez que a maior proximidade e convivência entre elementos culturais de sociedades distintas permite a produção de um mundo mais semelhante culturalmente; e há quem defenda que se caminhe para uma heterogeinização cultural, já que o maior contato entre as culturas pode criar novos nichos culturais ampliando a diversidade existente.

Desse modo, elementos culturais frutos da identidade cultural de um determinado território podem ser transmitidos a outras sociedades que estão em base territorial diferente, e vice-versa. Muitas vezes, esse processo não se dá de modo pacífico, pois o que é veiculado, em meio a globalização, pode competir com o aspecto cultural local, e é nessa disputa que determina o que é característico de cada sociedade.

Link

A rede de *fast-food* McDonald's, originária da América do Norte, teve de se adaptar ao apresentar seus produtos para outros países visando a expansão de negócios internacionais. Seguindo certo padrão desenvolvido pela empresa, alguns novos produtos são oferecidos como opção, de acordo com os gostos e sabores locais. Acesse o *link* e acompanhe quais são esses produtos:

https://goo.gl/r7bdsw

 **Exercícios**

1. Sobre processos culturais, podemos afirmar que:
a) São vivenciados somente nas instituições de ensino.
b) Explicitam a dinamicidade das culturas e as possibilidades de trocas culturais.
c) São processos que ocorrem em estágios de desenvolvimento.
d) Apresentam a estaticidade das culturas e a impossibilidade de mudança.
e) São processos que ocorrem nas sociedades isoladas.

2. Quando um índio utiliza elementos linguísticos e culturais de outra cultura para se expressar, por qual processo cultural podemos dizer que ele passou?
a) A variação.
b) A degradação.
c) A dissimilação.
d) A mutação.
e) A assimilação.

3. Leia o trecho da reportagem do Jornal O Globo:
"Enquanto na Igreja Católica se comemora, neste domingo (16), o dia de Nossa Senhora do Carmo, padroeira de Recife, os devotos de religiões de matriz africana celebram Oxum, orixá feminino das águas doces e do ouro, regente da harmonia e do equilíbrio emocional. Em Pernambuco, as terças-feiras são dedicadas ao orixá, mesmo dia em que se realizam as missas carmelitas da santa católica. O dia 16 de julho é dedicado à santa católica, mas, tornou-se, para o povo de terreiro, o dia de celebrar Oxum."

O texto faz referência a um processo cultural que se dá a partir do imbricamento de diferentes elementos culturais no âmbito religioso, pois não é a toa que se celebra o dia de Oxum no mesmo dia que Nossa Senhora do Carmo. Este processo é denomindado:
a) Difusão cultural.
b) Estática cultural.
c) Simetria cultural.
d) Sincretismo cultural.
e) Autonomia local.

4. Sobre o processo de endoculturação, podemos dizer que é o processo de:
a) Aprendizagem sobre os elementos culturais conforme a vivência.
b) Esquecimento da cultura originária para adquirir novos hábitos.
c) Assimilação cultural que acontece somente no âmbito escolar.
d) Autonomia cultural no qual o indivíduo decide o que vai seguir.
e) Retração de conhecimento sobre o mundo em que vive.

5. Leia o trecho da reportagem da revista Carta Capital:
"Nos venderam a esperança de um mundo sem fronteiras, mas poucos sabiam que essas fronteiras que se derrubavam eram só para algumas famílias e empresas que possuem a maior parte da riqueza do mundo. Uma calça italiana de grife é produzida na Tunísia, um tênis

da Nike no Vietnã ou na Indonésia. O que sabem os americanos e italianos sobre isso ou sobre o povo da Tunísia? Nada ou quase nada. " O texto, acima, versa sobre a ideia de eliminar as fronteiras entre as culturas, ao mesmo tempo em que algumas culturas conseguem difundir seus elementos culturais mais que outras. Qual fenômeno é este?

a) Autonomia local.
b) Gentrificação cultural.
c) Autonomia cultural.
d) Globalização cultural.
e) Readequação local.

 ## Referências

BENTES, I. *Dos pontos às redes:* a reestruturação produtiva e os processos culturais inovadores. 2016. Disponível em: <http://iberculturaviva.org/dos-pontos-as-redes--a-reestruturacao-produtiva-e-os-processos-culturais-inovadores/>. Acesso em: 25 ago. 2017.

COSTA, C. *Sociologia:* introdução à ciência da sociedade. 4. ed. São Paulo: Moderna, 2010.

DA MATTA, R. *A Casa e a rua:* espaço, cidadania, mulher e morte no Brasil. Rio de Janeiro: Guanabara, 1987.

G1. *Em uma história de resistência, pernambucanos celebram Oxum no Dia de Nossa Senhora do Carmo.* 2017. Disponível em: <http://g1.globo.com/pernambuco/noticia/em-uma-historia-de-resistencia-pernambucanos-celebram-oxum-no-dia-de-nossa--senhora-do-carmo.ghtml>. Acesso em: 25 ago. 2017.

JUSTIFICANDO. *Qual globalização?.* 2015. Disponível em: <http://justificando.cartacapital.com.br/2015/01/10/qual-globalizacao/>. Acesso em: 25 ago. 2017.

LINTON, R. *O homem:* uma introdução à antropologia. 3. ed. São Paulo: Livraria Martins, 1959.

MARCONI, M. de A.; PRESOTTO, Z. M. N. *Antropologia:* uma introdução. 7. ed. São Paulo: Atlas, 2010.

SANTOS, M. *Por uma outra globalização:* do pensamento único à consciência universal. 6. ed. Rio de Janeiro: Record, 2001.

Cultura e identidade brasileira

Objetivos de aprendizagem

Ao final deste texto, você deve apresentar os seguintes aprendizados:

- Descrever o conceito de identidade.
- Definir a ideia de identidade nacional.
- Discutir a noção de identidade brasileira.

Introdução

Neste capítulo, iremos aprender sobre o conceito de identidade e como se dá sua construção entre os indivíduos e os grupos sociais. Ao pensar a sociedade brasileira e a construção da identidade nacional, cabe reconhecer o processo sócio histórico e as características dessa cultura.

O que é identidade de uma cultura?

No planeta em que vivemos, somos todos diferentes. Porque cada um de nós ocupa um espaço no mundo, tanto geograficamente como socialmente. E isso nos permite acessar certos elementos culturais que, se estivéssemos em outro lugar de outra forma, não acessaríamos. Assim, vamos construindo a nossa identidade na sociedade, e nos percebendo como parte da cultura, ao mesmo tempo em que alimentamos essa própria cultura.

Para o sociólogo Manuel Castells (2008), a **identidade** é fonte de significados e experiências de um povo, de uma nação, de uma etnia, de um grupo social que se arquitetam por meio de atributos culturais partilhados, como, por exemplo: língua, dança, música, alimentação, crenças, valores, entre outros. Todos esses elementos configuram o modo de um grupo social ser e se apresentar para o mundo, podendo ter algumas características específicas os quais caracterizam ou ainda mesmo dividem alguns desses elementos com outras sociedades (Figura 1).

Figura 1. Ilustração de festa junina, uma importante celebração típica da cultura brasileira.
Fonte: Santos (2017).

Portanto, a **identidade** se refere a como você é identificado em uma determinada cultura, ou seja, ela apresenta suas características em termos do seu reconhecimento no mundo. Deste modo, você é percebido pelos outros a partir dos **elementos culturais** que manifesta ao mundo, e, por isso, você é reconhecido. Assim, não é sempre que temos o controle sobre como as pessoas nos rotulam. Podemos dizer que esses rótulos são dados a partir de características as quais os outros reconhecem em nós. Em relação a um time, a um gosto musical ou mesmo a estilo de vestimenta, podemos tomar decisões conscientemente de como gostaríamos de ser reconhecidos, entretanto, em relação a outras características nossas, como a altura, a cor da pele ou mesmo condição social, talvez não tenhamos o mesmo controle. Muitas vezes, não vamos simpatizar com os rótulos que são identificados em nós.

Ao mesmo tempo, a identidade pode ser partilhada com quem vive da mesma forma que você, seja quando assuma certas posições, seja por conviver em uma mesma situação de faixa etária, de gênero, ou mesmo vivenciando a mesma enfermidade. Essa partilha se realiza por meio dos elementos culturais que o indivíduo divide, conscientemente ou não, com a sociedade a qual ele pertence. Assim, a **identidade individual** se constrói em meio a **identidade coletiva** e vice-versa.

Conceituando cada termo, podemos dizer que a identidade individual alude aos aspectos culturais aos quais cada pessoa se reconhece como tal, seja por gosto musical, religioso, profissional, entre outros. Esses aspectos podem ser definidos pelas próprias pessoas ou serem percebidos pelos outros como algo que a diferencia do restante da sociedade. Portanto, um conjunto de pessoas pode constituir uma identidade coletiva, uma vez que se reconheçam com algo em comum, seja por ter nascido no mesmo estado, por partilhar a mesma língua ou por gostar do mesmo time.

De qualquer modo, compreende-se que identidade de uma etnia, de um povo, de um grupo social é sempre relacional, como nos lembra Barth (1998). Pois o que é construído em uma nação se dá a partir de elementos culturais aceitos ou negados em relação a identificação de outros grupos, podendo modificar-se com o tempo ou até mesmo como é percebido em relação a outros indivíduos ou grupos.

Assim, podemos dizer que a identidade de uma sociedade se dá justamente na **relação** que ela tem com outros grupos sociais a sua volta. Pois, dependendo de quem está por perto, são escolhidas características culturais para evidenciar como essa sociedade pode ser localizada, percebida e analisada. Pode-se destacar um prato típico, uma culinária específica, uma dança tradicional, componentes linguísticos próprios, as formas de se vestir, entre outros.

Logo, os elementos que definem a identidade podem ser variados e complexos, de modo que o conjunto deles é que modelam e identificam os grupos e os indivíduos, como reforça Castells (2008, p. 23):

> A construção de identidades vale-se da matéria-prima fornecida pela história, geografia, biologia, instituições produtivas e reprodutivas, pela memória coletiva e por fantasias pessoais, pelos aparatos de poder e revelações de cunho religioso. Porém, todos esses materiais são processados pelos indivíduos, grupos sociais e sociedades, que organizam seu significado em função de tendências sociais e projetos culturais enraizados em sua estrutura social, bem como em sua visão tempo/espaço.

Assim, mostra-se que a identificação por meio da identidade se dá por um composto de elementos que, conjuntamente, definem **aspectos culturais dos indivíduos ou grupos sociais**. Ao mesmo tempo, alguns aspectos culturais que conformam a identidade podem ser modificados com o passar dos tempos pela dinamicidade em questão, como povos indígenas originários de determinado lugar e que mudam de local de moradia devido à escassez de alimento.

Link

O texto abaixo fala sobre a "A construção da identidade negra e suas diferentes fases" disponível no site da Blogueiras Negras, que tem outros artigos sobre o mesmo tema.

https://goo.gl/Nu12F9

Conceituando a ideia de identidade nacional

Falando mais especificamente das nações e da construção de identidade nacional, podemos dizer que o sentimento de um povo é construído com base em suas lutas socio-históricas, evidenciando suas conquistas e os melhores feitos diante de disputa com outras nações como produto de uma memória coletiva e seletiva de fatos vividos que orgulhem seu povo. Esse sentimento de **identidade** de um povo une os membros de um mesmo grupo social, reproduzindo e reforçando suas práticas sociais, que os identificam entre outras partes do mundo.

Assim, a língua, o local e a história podem consolidar a imagem que se tem de uma nação, fazendo com que os indivíduos que lá estão se sintam parte integrante de uma sociedade ou nação. Como nos lembra Reinheimer (2007, p. 166), "[...] a identidade nacional precisa ser observada a partir das situações específicas nas quais ela foi acionada como forma de escapar à naturalização e à reificação que o conceito pode acarretar.". Ou seja, para pensar em **identidade nacional**, temos de pensar em que sentido ela foi acionada e como podemos elucidar os componentes que identificam a nação, de modo que os membros da sociedade em questão se reconheçam através desses elementos.

Também podemos dizer que a identidade também pode ser disputada, já que o modo como as indivíduos e grupos são reconhecidos no mundo permitem diferentes acessos ao que está disponível no mundo. Ou seja, ser percebido como uma nação rica, segura e poderosa pode facilitar relações comerciais com outros países, enquanto que, ser considerada uma nação violenta e pobre, pode não ter a mesma facilidade. Todavia, como a identidade não é estática, a nação rica tem que continuar se esforçando para manter o modo como é vista, e a nação desfavorecida vai tentar transformar a forma como é percebida pelas outras sociedades.

Interessa para Barth (1998) pensar essas "fronteiras étnicas" de um grupo social com o objetivo de compreender as dinâmicas do grupo que estão, constantemente, em interação com outros grupos, pois é por meio desse contato que a sua identidade é definida. Nesse sentido, cada grupo evidencia o que é diferente entre eles a fim de caracterizar e explicitar a especificidade que compartilha entre seus membros. Assim, essas características são como uma marca que rotulam o indivíduo ou grupo social.

Para além da questão econômica, há um conjunto de sentimentos que fazem com que seus membros se identifiquem com o seu país, favorecendo a integração nacional enquanto território reconhecido pela nação como tal. Nesse sentido, a união das partes territoriais integradas favorece que seus habitantes tenham consciência de unidade. Esse amálgama decorrente da convivência no mesmo território evidencia a nação. Como diz Moreno (2014, p. 18), a nação seria:

> [...] uma "comunidade imaginada" – como o são todas as sociedades, necessariamente, uma estrutura social e um artifício de imaginação (Balakrishnan, 2000, p. 216) – e alicerçada sobre as transformações geradas por novas relações sociais de produção que despontam com a modernidade.

Nesse sentido, o que se entende por nação não é algo homogêneo e pronto, mas perpassa conquistas, disputas e contestações que o próprio povo vivenciou a favor da constituição e da construção de uma identidade comum. Também não quer dizer que todos os membros tenham uma identidade única. Eles partilham sobre o que é seu patrimônio cultural, os seus hábitos e modos de vida, o território em que estão aglutinados, entretanto, podem ter diferenças claras no que refere à gênero, raça e classe. Desse modo, vemos que um povo destaca sua semelhança quando é preciso lutar pelo bem comum, mas que os seus membros podem ser diferentes e ocupar posições sociais desiguais.

Importa como falam de sua nação e como constroem a sua identidade nacional a partir do que tem em comum. Dependendo do que viverem juntos, esse discurso pode ser modificado, alterado e até mesmo corrompido. Logo, para refletir sobre identidade nacional, devemos analisar como diz Moreno (2014, p. 27-28):

> Na atualidade, há, portanto, que se considerar uma longa trajetória de discursos de identidade nacional, veiculados no decorrer do tempo, que funcionam como uma história incorporada a qual não se pode desprezar. [...] A eficácia discursiva, simbólica e política de novas representações identitárias dependerá do diálogo estabelecido com elementos de permanência de longo prazo, dentro das condições e limites dados por conjunturas específicas.

Link

Você sabia que há povos que não têm território reconhecido? Leia o artigo no link a seguir e conheça a situação de povos que lutam por seu território e também por seu reconhecimento.

https://goo.gl/XqUSkM

Refletindo sobre a identidade brasileira

No Brasil, a identidade nacional vem acompanhada de um sentimento comum entre os brasileiros. São aproximadamente 200 milhões de pessoas habitando um dos 25 estados ou o Distrito Federal. Apesar das especificidades regionais, esses habitantes dividem a mesma língua, a mesma história e alguns aspectos culturais, como vamos caracterizar adiante.

A identidade brasileira é compartilhada entre quem habita, ou possui laços, com a cultura vivenciada no Brasil. Também aqueles nascidos no país e que imigram para outras partes do mundo se reconhecem como brasileiros, ou ainda estrangeiros que vieram para cá e compartilham da identidade dos brasileiros, por estarem aculturados.

O território brasileiro foi ocupado pela colonização portuguesa a partir de 1500, em meio a disputas do espaço com povos indígenas e outros países que tentaram colonizar o local, como a Espanha, Holanda e França. Diante do poderio de armas de fogo dos portugueses e da organização político-econômica, escravizou-se os povos indígenas e ainda trouxeram negros escravizados do Continente Africano. Assim, a formação do povo brasileiro foi constituída por povos dessas três origens: indígenas, europeus e africanos.

Entre disputas e conquistas, cada povo que firmou morada no Brasil colaborou na conformação do que hoje é entendido como o povo brasileiro, contribuindo, assim, com diversos elementos culturais que, atualmente, identificam a nossa **cultura** e a nossa **identidade**. Seja através da língua que falamos, da comida que comemos, do modo como nos vestimos, das religiões que temos, das músicas que escutamos, dos esportes que praticamos, partilhamos e dividimos aspectos comuns da cultura.

Inúmeros exemplos podem definir o que faz o brasileiro um brasileiro, entretanto, podemos evidenciar alguns aspectos que Roberto Da Matta (1986, p. 14) elucida em um dos seus textos iniciais sobre o tema:

> Sei, então, que sou brasileiro e não norte-americano, porque gosto de comer feijoada e não hambúrguer; porque sou menos receptivo a coisas de outros países, sobretudo costumes e ideias; porque tenho um agudo sentido de ridículo para roupas, gestos e relações sociais; porque vivo no Rio de Janeiro e não em Nova York; porque falo português e não

inglês; porque, ouvindo música popular, sei distinguir imediatamente um frevo de um samba; porque futebol para mim é um jogo que se pratica com os pés e não com as mãos; porque vou à praia para ver e conversar com os amigos, ver as mulheres e tomar sol, jamais para praticar um esporte; porque sei que no carnaval trago à tona minhas fantasias sociais e sexuais; porque sei que não existe jamais um "não" diante de situações formais e que todas admitem um "jeitinho" pela relação pessoal e pela amizade; porque entendo que ficar malandramente "em cima do muro" é algo honesto, necessário e prático no caso do meu sistema; porque acredito em santos católicos e também nos orixás africanos; porque sei que existe destino e, no entanto, tenho fé no estudo, na instrução e no futuro do Brasil; porque sou leal a meus amigos e nada posso negar a minha família; porque, finalmente, sei que tenho relações pessoais que não me deixam caminhar sozinho neste mundo, como fazem os meus amigos americanos, que sempre se veem e existem como indivíduos!

Logo, é preciso dizer que não precisamos partilhar de todos elementos da cultura nacional para termos uma identidade brasileira. Não é por que somos brasileiros que gostamos de carnaval ou mesmo de futebol, mas ao compartilharmos nossa história, nossa língua e aspectos da cultura partilhamos de um sentimento nacional, de um discurso específico, de uma sensação comum que nos torna pertencentes a identidade brasileira.

A identificação e a valorização dessa identidade estabelecem uma integração nacional pela qual seus membros lutam e defendem suas fronteiras. Na escola, somos estimulados a cantar o hino nacional e a ter respeito pela bandeira que nos representa. Então, de forma consciente e inconsciente, vamos aderindo e adorando a pátria.

A identidade individual é perpassada pela identidade nacional, de modo que, enquanto construímos a nossa identidade, estamos construindo essa identidade coletiva também. Assim, quando vamos para outros países, carregamos conosco a identidade nacional, e mesmo que não sejamos iguais a todos os brasileiros, reconhecemos elementos culturais comuns entre aqueles que tenham habitado qualquer parte do Brasil.

Exercícios

1. Sobre identidade, podemos afirmar que é como:
a) A pessoa se reconhece.
b) Dizem que você é.
c) A pessoa diz não ser.
d) Dizem que você não é.
e) A pessoa pensa ser.

2. Como chamamos o sentimento comum entre as pessoas de um mesmo território que partilham de língua, dança, música, alimentação, crenças, valores, entre outros?
a) Identidade de gênero.
b) Identidade individual.
c) Identidade urbana.
d) Identidade internacional.
e) Identidade nacional.

3. O Brasil foi construído por várias mãos ao longo dos anos. A história do Brasil perpassa a história de vida de muitas pessoas. Sobre essas informações, pode-se dizer que:
a) O povo brasileiro é quem constrói a sua história.
b) Somente os primeiros habitantes do Brasil construíram a história do país.
c) A história do Brasil é escrita pelos estrangeiros fora do Brasil.
d) O povo brasileiro trabalha muito e não tem tempo de construir sua história.
e) Somente quem sabe ler pode construir a história do Brasil.

4. Sobre identidade nacional, podemos afirmar que é:
a) Vinculado a um sentimento de individualidade.
b) Relacionado somente com um povo que tem seu território reconhecido.
c) Vinculado a um sentimento comum de orgulho da nação.
d) Relacionado a um sentimento de vergonha das guerras perdidas.
e) Vinculado somente a aqueles que falam mesma língua.

5. "Carnaval é um evento cultural, que mobiliza uma imensa cadeia produtiva local, gerando milhares de empregos temporários, diretos ou indiretos. Na prática, o Carnaval é também um evento econômico, que mobiliza o comércio, centenas de prestadores de serviços, hotéis, bares, restaurantes, *food trucks*, ambulantes, todos ganham, a riqueza circula, o município recolhe tributos e taxas. Colocar o Carnaval como algo 'dispensável' em tempos de crise é um contrassenso por parte dos municípios, para não dizer que é uma clara opção pelo populismo ou pela demagogia, duas anomalias muito em voga no Brasil atual."
A partir do texto, pode-se dizer que:
a) O carnaval existe para que os brasileiros esqueçam dos problemas financeiros.
b) O brasileiro não reconhece o carnaval como parte de sua identidade cultural.
c) O carnaval faz parte da identidade nacional e movimenta a economia do país.
d) O brasileiro repudia o carnaval porque ele gera apenas empregos temporários.
e) O carnaval aliena os brasileiros, pois interrompe suas atividades econômicas durante esse período.

Referências

BALAKRISHNAN, G. (Org.). *Um mapa da questão nacional.* Rio de Janeiro: Contraponto, 2000.

BARTH, F. Grupos étnicos e suas fronteiras. In: POUTIGNAT, P. *Teorias da etnicidade.* Seguido de grupos étnicos e suas fronteiras de Fredrik Barth, Philippe Poutignat, Jocelyne Streiff-Fenard. São Paulo: UNESP, 1998.

CASTELLS, M. *O poder da identidade.* São Paulo: Editora Paz e Terra, 2008.

DA MATTA, R. *O que faz o brasil, Brasil?* Rio de Janeiro: Rocco. 1986.

MORENO, J. C. Revisitando o conceito de identidade nacional. In: RODRIGUES, C. C.; LUCA, T. R.; GUIMARÃES, V. (Org.). *Identidades brasileiras:* composições e recomposições. São Paulo: UNESP; São Paulo: Cultura Acadêmica, 2014.

REINHEIMER, P. Identidade nacional como estratégia política. *Mana*, Rio de Janeiro, v. 13, n. 1, p. 153-179, apr. 2007.

SANTOS, M. dos. *Festa junina.* 2017. Disponível em: <https://militaodossantos.com/>. Acesso em: 24 ago. 2017.

Olhares e discursos sobre os brasileiros

Objetivos de aprendizagem

Ao final deste texto, você deve apresentar os seguintes aprendizados:

- Reconhecer o senso comum sobre o brasileiro.
- Discutir os olhares e os discursos sobre os brasileiros.
- Analisar as implicações dos discursos sobre os brasileiros.

Introdução

Conhecer um pouco mais sobre como somos percebidos pelos outros nos leva a pensar sobre como realmente somos. O que é dito em relação aos brasileiros enfatiza aspectos que podemos nos orgulhar ou não, então estarmos atentos a essas questões faz com que possamos repensar nossa própria condição no mundo.

Neste capítulo, iremos aprender mais sobre como os brasileiros são percebidos no senso comum, acessando os olhares e discursos sobre os brasileiros. Posteriormente, vamos analisar as implicações desses discursos para a sociedade brasileira.

O senso comum sobre os brasileiros

Cada pessoa olha o outro a partir dos elementos culturais identificados como certos e errados em sua cultura, de modo que julgamos tendo em vista os referenciais culturais em que fomos criados. Somos etnocêntricos, e para compreendermos o modo de vida do outro temos de relativizar e analisar a situação de acordo com as referências que fazem sentido para a cultura do outro, já que nós também gostaríamos de sermos avaliados a partir do que faz sentido para nós.

Então, o olhar não é um ato desinteressado, pelo contrário, pois pode notar, admirar, decifrar, avaliar, checar, medir, comparar a fim de concluir algo sobre o que foi observado. Muitas vezes essa conclusão é compartilhada, dividida e publicitada, criando uma impressão sobre o outro no senso comum. Portanto, quando muitas pessoas agem da mesma maneira em relação a uma pessoa ou a um grupo de pessoas, gerando uma ideia comum sobre o outro (Figura 1).

Podemos dizer que essa impressão é designada como *senso comum*. Para Boaventura de Sousa Santos (2003, p. 32), o senso comum é "um conhecimento evidente que pensa o que existe tal como existe e cuja função é a de reconciliar a todo custo à consciência comum consigo mesma". Ou seja, ao olharmos o outro, de forma empírica, estamos refletindo sobre quem está distante, e ao mesmo tempo, estamos analisando, questionando e inferindo questões a partir de nós mesmos, já que essa é nossa referência inicial. Assim, também contribuímos com pensamentos sobre nós e o mundo no senso comum. Como Santos (2009, p. 108) reforça sobre o assunto:

> [...] O senso comum é prático e pragmático; reproduz-se colado às trajetórias e as experiências de vida de um dado grupo social e, nessa correspondência, inspira confiança e confere segurança. O senso comum é transparente e evidente; desconfia da opacidade dos objetivos tecnológicos e do esoterismo do conhecimento em nome do princípio da igualdade do acesso ao discurso, à competência cognitiva e à competência linguística. O senso comum é superficial porque desdenha das estruturas que estão para além da consciência, mas, por isso mesmo, é exímio em captar a complexidade horizontal das relações conscientes entre pessoas, e entre pessoas e coisas. O senso comum é indisciplinar e não metódico; não resulta de uma prática especificamente orientada para produzi-lo; reproduz-se espontaneamente no suceder cotidiano. O senso comum privilegia a ação que não produza rupturas significativas no real. O senso comum é retórico e metafórico; não ensina, persuade.

Logo, perguntamos: o que o senso comum diz sobre nós? O que os próprios brasileiros dizem sobre os brasileiros? Como somos vistos por nós mesmos? E mais, se nós pensarmos como nação, então como somos percebidos pelos outros de outras nações? O que as pessoas pensam sobre os brasileiros? Como os brasileiros são vistos por quem não é brasileiro? Essas perguntas podem nos trazer certo incômodo, pois ao indagar o que os outros pensam sobre nós podemos chegar a conclusões às quais não gostaríamos. Mas essas reflexões são essenciais para conhecermos mais sobre o que pensam as sociedades.

Em 2010, o jornal Gazeta do Povo traz uma pesquisa do Instituto Brasileiro de Turismo (2009), dizendo o que agrada ou não o estrangeiro no Brasil. O que não agrada os estrangeiros é: violência, pobreza, falta de segurança e trânsito. Chama a atenção de que 10% dos entrevistados não apontaram nenhum ponto negativo no país. E o que agrada é: a alegria do povo, jeito amigável, simpatia. De qualquer maneira, conhecer o que percorre o senso comum dos estrangeiros, em relação aos brasileiros, nos leva a pensar sobre como vivemos, sobre o que fazemos, sobre qual nossa história e sobre o que passamos aos outros (MENEZES, 2010).

Se continuarmos procurando, podemos encontrar em outra pesquisa o que acham sobre as nossas práticas culturais. A matéria do jornal Zero Hora, do mesmo ano, apresentou uma lista de exemplos que o Brasil poderia exportar, uma vez que os estrangeiros entendem que são práticas culturais que eles gostariam de ter em seus países. São elas:

1. as festas começam mais tarde, mas duram até mais tarde;
2. o hábito comum de dar abraços em amigos e até em desconhecidos;
3. o atendimento em comércio é destacado pela cordialidade;
4. o jeitinho brasileiro como uma saída para sair de situação difícil;
5. o compartilhamento de bebidas no mesmo copo;
6. o bom tratamento aos estrangeiros no Brasil;
7. a higiene do banho diário e escovação dentária após refeições;
8. a prática de exercícios físicos e cuidado com a boa forma;
9. a prática da carona para facilitar o deslocamento;
10. o almoço como principal refeição do dia (SCHENKEL, 2014).

Apesar de certa aleatoriedade dessas informações publicadas em jornais de grande circulação populacional, e ainda que não são todos os estrangeiros que concordam com essa lista, ficamos refletindo, por exemplo, que se nos consideram tão higiênicos, como será o hábito de higiene em outros países? Como será o hábito da alimentação em outro país? Como será os atendimentos dos clientes nas lojas do exterior? Depois dessa reflexão, vamos aprofundar essa discussão para pensar nos olhares e discursos sobre os brasileiros.

Link

Alguns vídeos nas redes sociais mostram o que os estrangeiros sabem dos brasileiros. Em um desses canais, os ingleses são entrevistados e questionados sobre os elementos da cultura brasileira. Você pode ver como ele respondem a essas questões e imaginam o nosso país a partir das perguntas:

https://goo.gl/qTz8x5

Os discursos sobre os brasileiros e suas explicações

Agora vamos analisar alguns olhares sobre os brasileiros e tentar problematizá-los a partir de discussões antropológicas, como temos feito até aqui. Esses discursos nos ajudam a pensar sobre o modo de vida dos brasileiros e a questionar se se aplicam de forma generalizada em nossa sociedade.

O mito da democracia racial

Como o povo brasileiro era composto por povos oriundos de três origens distintas - indígenas, europeus e africanos - muitos estrangeiros acessavam informações da relação entre esses povos a partir da produção da literatura brasileira sobre o assunto. E um dos livros de referência foi a obra *Casa Grande & Senzala* do sociólogo Gilberto Freyre. Ali, ele apresentou os negros escravizados desfrutando de certo conforto material, beneficiando-se de regalias e até sendo visto como pessoa de confiança dos senhores e das sinhás. Portanto, esse livro deixou de lado os horrores do trabalho compulsório e da relação de submissão dos escravizados, fazendo crer que houvessem uma miscigenação generalizada, tranquila e natural entre índios, brancos e negros.

Assim, foi interpretado que no Brasil havia uma democracia racial – ainda que o autor não tenha dito com essas palavras, como se pessoas de diferentes origens fossem tratadas e percebidas da mesma forma. Entretanto, quem convive no país sabe da situação de desigualdade que muitos negros e negras sofrem no cotidiano, o que explicita o racismo, o preconceito e a discriminação social ocorrida diariamente no Brasil.

Exemplo

Em uma campanha em redes sociais, são apresentados relatos de pessoas negras que passam por situações constrangedoras por causa da cor de pele interpretada como condição socioeconômica, conforme reuniu o site do Geledés (CAMPANHA..., 2010):

> Chegar em um salão de beleza em um bairro nobre de SP, e antes de conseguir perguntar se existe horário livre para fazer as unhas, ser abordada pela gerente do salão dizendo que não estão contratando manicures. Como se eu não tivesse condição de pagar pelo serviço?

O jeitinho brasileiro

A antropóloga Lívia Barbosa escreve o livro *O jeitinho brasileiro* para tentar compreender o que é esse modo peculiar de lidar com as situações mais complicadas e difíceis. Assim, os brasileiros burlam regras e normas preestabelecidas a fim de se beneficiar e defender os seus conhecidos, de modo que esses atalhos, buscados durante as negociações, podem beirar a corrupção e possibilitar condutas criminosas. Entretanto, muitas vezes, essas atitudes são "percebidas como criatividade, improvisação e esperteza do brasileiro" (BARBOSA, 2005, p. 23), mas, mais adiante, vamos analisar os pormenores envolvidos nesse termo.

Não é todo mundo que assume fazer uso do jeitinho brasileiro, porque pode soar sorrateiro. Mas se perguntarmos sobre algumas ações da vida cotidiana muitas pessoas diriam que já furaram fila, que já deram "carteiraço", que já utilizaram de relações pessoais para se beneficiar, que já consertaram alguma coisa com "gambiarra", que já choraram para sensibilizar alguém, que já deram propina para se livrar de situações difíceis com a justiça, entre outros. De modo que a aceitação social do "jeitinho" torna ele efetivo, o seu efeito na sociedade é colocado em um registro como forma das possibilidades do modo de agir em uma determinada situação.

Assim, a autora defende o jeitinho como um elemento da identidade brasileira, ao abarcar o modo de vida de quem habita o Brasil, como diz:

> Para existir o jeitinho, é preciso haver uma escolha social, um peso social atribuído a esse tipo de mecanismo. Só há jeito, como categoria social, quando há valor, isto é, reconhecimento social, a classificação de uma determinada situação como tal. [...] No Brasil, o jeitinho, além de carac-

terizar uma situação específica, é elemento de identidade social. Isto é, utilizamo-nos dessa instituição para definir o nosso "estilo" de lidar com determinadas situações (BARBOSA, 2005, p. 19).

Implicações dos discursos sobre os brasileiros

A grande questão é que os discursos sobre o outro mobilizam as pessoas e as sociedades em volta dele, ou seja, dizer algo bom ou ruim sobre alguma coisa pode gerar consequências a elas. Tratando-se de país, esses resultados podem abalar/potencializar a economia ou mesmo modificar o modo como seus habitantes são tratados em outros países. Por isso, devemos analisar os olhares e discursos sobre os brasileiros, para questionar como essas visões impactam quem habita nesse país.

Desse modo, discurso envolve poder, como nos lembra Foucault (1996, p. 8-9):

[...] em toda a sociedade a produção do discurso é simultaneamente controlada, selecionada, organizada e redistribuída por um certo número de procedimentos que têm por papel exorcizar-lhe os poderes e os perigos, refrear-lhe o acontecimento aleatório, disfarçar a sua pesada, temível materialidade.

Seguindo nossos exemplos nos subtítulos acima, quando dizemos que no Brasil temos uma democracia racial, podemos passar a ideia de que aqui não há racismo, não há tratamento desigual por causa da cor da pele, não há diferença no modo de vida dos diferentes povos que vieram ou foram trazidos ao Brasil. Inicialmente, isso pode parecer bom, mas invisibiliza a desigualdade sofrida por parte da população, e também faz vistas grossas a essa situação. Como evidencia Thomas Skidmore (1994, p. 137) "a elite brasileira defendia tenazmente a imagem do Brasil como uma democracia racial. Assim agia, de inúmeras maneiras. Uma dessas maneiras era rotular de 'não brasileiros' quem quer que levantasse sérias questões sobre relações raciais no Brasil".

Nesse sentido, o movimento negro tem se organizado para questionar o *status quo* referente a relações sociais no Brasil, e desconstruindo discursos estereotipados a fim de que muitos negros não sofram com as desigualdades a qual são submetidos.

Enquanto sujeito político, esse movimento produz discursos, reordena enunciados, nomeia aspirações difusas ou as articula, possibilitando aos indivíduos que dele fazem parte reconhecerem-se nesses novos significados. Abre-se espaço para interpretações antagônicas, nomeação de conflitos, mudança no sentido das palavras e das práticas, instaurando novos significados e novas ações (GOMES, 2011, p. 134).

Link

Assista o vídeo *Vista a minha pele*, de Joel Zito de Araújo, que propõe uma reflexão na sociedade brasileira sobre a situação das relações raciais no Brasil.

https://goo.gl/HwVzoQ

Podemos dizer que há uma dinâmica social na qual a reflexão sobre si e os outros gera importantes questionamentos sobre o que a nossa sociedade produz em relação aos grupos sociais existentes. Com isso, é possível refletir sobre exclusão social e propor mecanismos que possam, aos poucos, reverter essa situação. Por isso, é necessário analisar as relações étnico-raciais em nossa sociedade, bem como a nossa convivência com as situações do jeitinho, a fim de compreender o que causam na população e como se pode modificar suas consequências.

Lívia Barbosa (2005), estudiosa do assunto, faz referências a essas possibilidades de interpretação: discurso positivo sobre o jeitinho e o discurso negativo sobre o "jeitinho", que envolve o discurso erudito sobre o jeitinho e o discurso do "esse país não tem jeito". Vamos aprofundar um pouco mais cada uma dessas interpretações para compreender a potencialidade de cada possibilidade na sociedade brasileira.

O discurso positivo enfatiza um lado "cordial, simpático, alegre e esperto" (BARBOSA, 2005, p. 63) do brasileiro, fazendo referência a uma criatividade e a um modo flexível de lidar com problemas e dificuldades da vida diária. Em certo sentido, o jeitinho pode ser visto como um apaziguador das relações sociais diante dos critérios mais rígidos que algumas situações impessoais impõem.

O discurso negativo traz aspectos complexos e por isso foi dividido em dois pela autora, que explica as diferenças sobre eles a partir do tipo de vocabulário usado para enquadrá-los. Em um deles, trata-se do discurso erudito que apresenta o jeitinho como uma "denuncia de nossas instituições sociais e políticas carentes de credibilidade e da nossa herança ibérica" (BARBOSA, 2005, p. 74), que levariam a corrupção e a impunidade da elite e dos homens públicos. Assim, criou-se um sentimento de que as leis não se aplicam para quem tem poder na sociedade brasileira, fazendo com que os poderosos sejam ainda mais privilegiados porque dão um jeitinho para que as coisas não os atinjam.

O outro discurso pejorativo faz referência a afirmações como: esse país não tem jeito. Assim, a pessoa aciona esse discurso "quando sente frustradas as suas expectativas sobre o país, ao governo ou ao povo, seja por motivo de ordem pessoal ou institucional" (BARBOSA, 2005, p. 85-86). É como se os brasileiros não conseguissem se ajustar às normas definidas, e se sempre encontrassem um jeito de burlá-las. Ao mesmo tempo, infere que esse poderia ser um aspecto cultural que faz parte da identidade brasileira e não se pode mudar. Ou seja, o jeitinho brasileiro envolve uma série de situações sociais que informam como os brasileiros agem em seu cotidiano.

Ainda que estrangeiros possam ver um lado positivo no modo de lidar com as coisas, conforme a reportagem trazida na introdução, o seu uso entre brasileiros é complexo e envolve as discussões feitas no capítulo. Por isso, temos de questionar o que o senso comum apresenta como características da cultura brasileira, sabendo que essa questão envolve poder, e que pensamento hegemônico cria ideias que podem favorecer uns, e prejudicar outros.

 **Exercícios**

1. Sobre o discurso, podemos afirmar:
   a) É quando falam a verdade sobre algo ou alguém.
   b) É quando falamos em público.
   c) É quando mentimos sobre algo ou alguém
   d) É quando geramos uma ideia sobre algo ou alguém
   e) É quando geramos uma expectativa sobre algo ou alguém

2. Sobre a charge abaixo, é

correto afirmar que:

Fonte: Ivan Cabral, 2009.

a) Estrangeiro vê o Brasil como um país tranquilo para passear.

b) Brasil é um país conhecido pela violência em seu território.

c) Estrangeiro vê o Brasil como um país típico para ver neve.

d) Brasil é conhecido como um país pouco acolhedor.

e) Estrangeiro vê o Brasil como local para compras.

3. Sobre o senso comum, é correto afirmar que é o modo como:

a) A maioria das pessoas pensa de forma empírica.

b) A minoria das pessoas pensa de forma empírica.

c) A maioria das pessoas pensa de forma científica.

d) A minoria das pessoas pensa de forma científica.

e) Todos pensam de forma empírica.

4. Sobre a charge abaixo, é correto afirmar que:

a) Na sociedade brasileira há uma verdadeira democracia racial que serve de modelos a outros países.

b) A diferença entre negros e brancos se dá por que a condição biológica define a posição que a pessoa ocupará socialmente.

c) Na sociedade brasileira o movimento negro foi fundamental para expor a desigualdades das relações raciais.

d) A diferença entre negros e brancos se dá por que os negros aceitam a condição social que lhes foi imposta.

e) Na sociedade brasileira incide a democracia racial nas diferentes classes sociais.

5. Sobre a charge abaixo, é correto afirmar que o brasileiro:

a) Usa a desculpa do jeitinho brasileiro para explicar a corrupção.

b) Reconhece que nem sempre é bom se valer do jeitinho brasileiro.

c) Usa a desculpa do jeitinho brasileiro para agir conforme a lei.

d) Reconhece que o jeitinho brasileiro faz parte da cultura mundial.

e) Não usa o jeitinho brasileiro como explicar o que faz de errado.

 **Referências**

BARBOSA, L. *O jeitinho brasileiro:* a arte de ser mais igual do que os outros. Rio de Janeiro: Campus, 2005.

CAMPANHA #seráqueéracismo viraliza com denúncias de preconceito racial; leia relatos. 2015. Disponível em: <https://www.geledes.org.br/hashtag-seraqueeracismo--denuncia-a-discriminacao-racial-no-dia-a-dia/>. Acesso em: 30 ago. 2017.

FOUCAULT, M. *A Ordem do Discurso*. São Paulo: Loyola, 1996, p. 8-9.

GOMES, N. L. O movimento negro no Brasil: ausências, emergências e produção dos saberes. *Política & Sociedade,* v. 10, n. 18, 2011.

MENEZES, F. Z. *O Brasil pelos olhos dos gringos.* 2010. Disponível em: <http://www.gazetadopovo.com.br/vida-e-cidadania/o-brasil-pelos-olhos-dos-gringos-3sj6y3o-b0ug0xtu0lvw0ynmfi >. Acesso em: 30 ago. 2017.

SANTOS, B. de S. *Introdução a uma ciência pós-moderna.* Rio de Janeiro: Graal, 2003.

SANTOS, B. de S. *Para um novo senso comum:* a ciência, o direito e a política na transição paradigmática. 7. ed. São Paulo: Cortez, 2009.

SCHENKEL, L. *Estrangeiros listam dez exemplos que o brasil poderia exportar.* 2014. Disponível em: <http://zh.clicrbs.com.br/rs/noticia/2010/05/estrangeiros-listam-dez--exemplos-que-o-brasil-poderia-exportar-2898352.html>. Acesso em: 8 ago. 2017.

SKIDMORE, T. S. *O Brasil visto de fora.* Rio de Janeiro: Paz e Terra, 1994.

Cultura popular, de massa e pensamento social

Objetivos de aprendizagem

Ao final deste texto, você deve apresentar os seguintes aprendizados:

- Definir a relação entre indivíduo e sociedade.
- Diferenciar a produção da cultura popular e do folclore.
- Analisar a relação entre cultura de massa e indústria cultural.

Introdução

O indivíduo e a sociedade estão em constante interação, o que possibilita identificar aspectos culturais compartilhados entre eles. Esses aspectos apresentam particularidades que podem ser observadas e analisadas para compreender como o homem habita o mundo.

Neste capítulo, será definida a relação entre indivíduo e sociedade a partir, ainda, da cultura popular, do folclore, da cultura de massa e da indústria cultural.

Indivíduo e sociedade

O homem isolado teve poucas chances de sobreviver na pré-história. Então, há muito tempo, os seres humanos optaram por viver em grupos e conviver socialmente para se abrigar, dividir tarefas e se afastar dos perigos existentes no mundo. Assim, todo o indivíduo que nasce passa por um processo de socialização para apreender como se comportar a partir da sociedade em que está. Nesse processo, ensinam-se os indivíduos a compreenderem o mundo e agirem nele de determinada maneira, a qual faz sentido para aquele grupo social, de modo que haja uma troca comunicacional entre os indivíduos desse grupo, por meio de ações recíprocas que abrangem atos e pensamentos.

Como diz Leontiev (2004, p. 279), "o homem é um ser de natureza social, que tudo o que tem de humano nele provém de sua vida em sociedade, no seio da cultura criada pela humanidade". Então, por meio da interação social, os seres humanos se relacionam e estabelecem acordos, regras, normas, combinações, contratos que podem embasar a estrutura social existente, reproduzindo e inventando o modo de vida deste grupo no mundo. Logo, há uma influência mútua, consciente e inconscientemente, na convivência social entre os indivíduos que modelam as suas práticas sociais e seu modo de pensar.

Os indivíduos se constroem por meio das relações que têm ao longo da vida, tornando-se referência para a sociedade em que vivem, mas também criam novas de maneiras de agir, de pensar e de atuar na interação social. Sendo um ser social, o indivíduo carrega em si características do ambiente social em que convive, podendo ter mais ou menos afinidade com certos elementos culturais, interagindo e intervindo na sociedade. Essa intervenção pode possibilitar mudanças culturais na sociedade, as quais foram favorecendo o desenvolvimento da humanidade na história.

Nesse sentido, podemos dizer que há uma relação entre indivíduo e sociedade que se dá a partir da personalidade individual e a construção da personalidade social, como explica Dias (2010, p. 109):

> Sendo um ser social, o indivíduo é produto de um sistema complexo de interações que, de um modo ou de outro, ocorre com toda a humanidade, e mais particularmente na sociedade da qual faz parte. Ao se relacionar com outros nos processos de socialização, vai adquirindo hábitos e costumes, que vão agregando aos poucos em sua personalidade individual e tornando-o cada vez mais identificado com uma personalidade social cada vez mais difusa, conforme se ampliam as interações dentro de uma perspectiva global.

Assim, convivendo em certa sociedade, o indivíduo vai adquirindo hábitos e costumes comuns agindo e pensando de forma próximas aos seus parentes, amigos e conhecidos e outros membros do grupo social (Figura 1). Podemos dizer que, de modo geral, o indivíduo já nasce em uma rede social que o acolhe e apresenta o mundo a partir da sua ótica.

Figura 1. Grupos sociais: o ser humano é um ser social que se constrói por meio de interações.
Fonte: Capparelli (2011).

Em uma dada sociedade, a interação entre indivíduos permite assimilar hábitos de vida, modos de fazer e formas de pensar, de maneira que esses elementos culturais são cultuados e partilhados entre si, identificando a cultura em questão. Mas para além da constituição dessas características que localizam tal sociedade, podem ser encontrados também elementos de uma cultura global que foram assimilados pelo contato com outros países, como, por exemplo, o consumo da Coca-cola, do Mc Donalds, da Barbie, entre outros.

 **Link**

Assista a um trecho do documentário *O começo da vida de Estela Renner*, no qual é apresentado o processo de socialização dos bebês e as crianças em meio a sociedade.

https://goo.gl/gwlzno

Cultura popular e folclore

Inicialmente, a expressão cultura popular foi criada em oposição a cultura de elite que era apresentada como o modo de agir e de refletir oficial dos grupos sociais dominantes na época da Idade Média. De lá para cá, o termo popular ganhou referência direta ao povo (principalmente grupos subalternos), pela expressão desse povo no ambiente público e as formas de agir e de pensar não oficiais. Xidieh (1976, p. 3) entende que a cultura popular é aquela: "[...] criada pelo povo e apoiada em uma concepção de mundo toda específica e na tradição, mas em permanente reelaboração mediante a redução ao seu contexto das contribuições da cultura 'erudita', porém mantendo sua identidade."

Nesse sentido, estamos falando de manifestações culturais que são produzidas e partilhadas entre o povo conforme sua tradição e seu conhecimento popular, que estão em constante reelaboração desses elementos para manter a identidade cultural desse povo. Logo, o conjunto de saberes e forma de agir que emerge através da interação dos indivíduos, muitas vezes convivendo em uma determinada posição social, é passado de geração a geração como herança social, conformando aspectos próprios que fazem sentido para esse povo.

Manifestações da cultura popular do passado são interpretadas como folclóricas, como expressa Dias (2010). Alguns de seus exemplos são as danças, as crenças, lendas, brincadeiras, mitos, festejos, entre outros que muitas sociedades cultuam. No Brasil, temos as lendas do Saci-Pererê, da Iara, da Mula sem Cabeça, do Lobisomen, as festas do Boi-bumbá, a Festa do Divino, o Círio de Nazaré, a Folia de Reis, as danças do maracatu, do carimbo, de frevo, do forró, as brincadeiras como a amarelinha, os trava-línguas, a dança da cadeira, entre outros elementos que denotam aspectos do folclore brasileiro.

Nesse sentido, *Carta do Folclore Brasileiro*, produzida no VIII Congresso Brasileiro de Folclore em 1995, redefiniu o que é o folclore aproximando ainda mais do conceito de cultura popular. O objetivo principal era abranger aspectos da identidade cultural, uma vez que a divisão desses termos mantinha cada um relacionado a determinados grupos sociais. Assim, essa revisão questionava a divisão e enfatizava que os diferentes grupos sociais poderiam gerar manifestações culturais vinculadas a um saber popular, como explicita a *Carta* abaixo:

Folclore é o conjunto das criações culturais de uma comunidade, baseado nas suas tradições expressas individual ou coletivamente, representativo de sua identidade social. Constituem-se fatores de identificação da manifestação folclórica: aceitação coletiva, tradicionalidade, dinamicidade, funcionalidade. Ressaltamos que entendemos folclore e cultura popular como equivalentes, em sintonia com o que preconiza a UNESCO. A expressão cultura popular manter-se-á no singular, embora entendendo-se que existem tantas culturas quantos sejam os grupos que as produzem em contextos naturais e econômicos específicos (COMISSÃO DO FOLCLORE BRASILEIRO, 1995).

Cabe dizer que tudo o que é produzido pela cultura popular é produzido pelas pessoas para passarem mensagens significativas na sociedade em que vivem. Assim, seja para assustar pessoas, para comemorar atos simbólicos, para impor regras sociais, para valorizar aspectos sociais, para competir entre grupos ou para se expressar simplesmente, misturam-se realidade e fantasia, consciente e inconscientemente, através de fatos históricos e explicações sobrenaturais.

Logo, a cultura popular e o folclore podem ser estudados, analisados e interpretados a fim de compreender, por meio do modo como se dá a organização dos elementos culturais dessas estórias, fantasias, manifestações e crenças, o que faz sentido entre os membros de cada sociedade.

Link

Acesse o link e veja o programa Revista do Cinema Brasileiro, que apresenta a relação entre a representação cinematográfica e as histórias populares registradas.

https://goo.gl/jLcCs3

Cultura de massa e indústria cultural

Nas sociedades contemporâneas, o processo de socialização adquire complexidade ainda maior por envolver ampla quantidade de pessoas, o uso avançado da tecnologia, um modo de vida mais corrido e atribulado, principalmente nos grandes centros urbanos. Diante de um processo de globalização, no qual o contato entre países e nações aumenta, algumas sociedades podem disseminar produtos, ideais e hábitos de forma massificada que são assimilados por outras culturas. Logo, esse processo impacta o modo como o indivíduo se relaciona com a sociedade em questão.

O rádio, a televisão, a fotografia, o cinema, e, agora, a internet e os celulares fizeram com que as trocas culturais entre sociedades diferentes se tornassem mais proeminentes, e isso influenciou profundamente a sociedade em que vivemos. O processo de industrialização, iniciado sistematicamente no começo do século XX pelo taylorismo e pelo fordismo, possibilitou fabricar mais produtos, diminuir os custos e o tempo de produção. Assim, os países com maiores economias, visando o lucro e o aumento do seu poderio, buscaram outros mercados para distribuir seus produtos, o que possibilitou que mais países acessassem produtos diferentes da sua cultura. Isso pode ser positivo pela oportunidade de acesso a variedade de produtos existentes do mundo, mas nos faz refletir sobre aspectos perversos que envolvem a economia e o processos de industrialização ao criarem estratégias de consumo e de venda para convencer os consumidores para consumir seus produtos.

Ou seja, com a industrialização, houve maior produção a um menor custo, o que fez com que os preços dos produtos caíssem e se tornassem mais acessíveis para grande parte da população. Nesse sentido, evidenciou-se uma difusão cultural de produtos produzidos, os quais era preciso serem desejados, então as empresas também se concentraram em criar slogans e propagandas que demonstrassem a utilidade dos produtos ou mesmo valor simbólico agregado a ele.

Portanto, a publicidade também se desenvolveu bastante nessa época, de modo a enfatizar a liberdade da escolha individual do consumo, ao mesmo tempo em que evidenciava esse discurso na exposição de certa cultura. Logo, não eram consumidos produtos em si, mas bens simbólicos representativos de uma condição superior do indivíduo em relação ao restante da população. Ainda que muitos não pudessem acessar esses produtos, eles se tornam objeto de desejo de grande parte de população que veem as propagandas e são atraídos pelo discurso expresso no seu conteúdo.

A cultura de massa envolve o oferecimento e a venda dos mesmos produtos, dos mesmos bens e dos mesmos desejos para pessoas de culturas distintas. Assim, a **difusão cultural** em uma abrangência global de um produto proposto por um grupo específico pode ser interpretada como uma política organizada visando hegemonia de poder econômico, sendo essa uma das consequências da indústria cultural. Podemos dizer que a industrialização gerou um processo de homogeneização cultural entre os países que poderiam ter uso comum de bens por parte da população, como explica Costa (2010, p. 241, grifo nosso):

> Ao longo dos séculos ampliaram-se os recursos tecnológicos de reprodução de originais, não só de textos, mas também de imagens e sons. Assim, no final do século XX, a indústria cultural já se caracterizava pela produção seriada de bens simbólicos e imateriais que visava, com fins lucrativos, a um público amplo e indistinto, pejorativamente chamado de "massa". [...] "Massa" foi o termo pejorativo usado pela elite para designar a aglomeração de milhares de pessoas nas cidades industriais.

Sendo assim, questiona-se a especificidade das vivências das pessoas que ficariam prejudicadas com a massificação dos costumes, comportamentos e consumos. Ao mesmo tempo, entende-se que a disseminação de um mesmo produto por diferentes culturas e sociedade também implica em uma demonstração de poder econômico e político de uma nação sob outras, pois adentrar em mercados de culturas diferentes é resultante de um processo de negociação complexo entre países.

Assim, a indústria cultural está referenciada por uma disputa por mercados e vive seus dilemas para se manter competitiva e conquistar novos públicos, como enfatiza Edgar Morin (1997, p. 25-26):

> A indústria cultural deve, pois, superar constantemente uma condição fundamental entre suas estruturas burocratizadas-padronizadas e a originalidade (individualidade e novidade) do produto que ela deve fornecer. Seu próprio funcionamento se operará a partir desses dois pares antitéticos: burocracia-invenção, padrão-individualidade.

Assim, a circulação de produtos pelos inúmeros países existentes é um caminho sem volta que, de certa maneira, envolve a cultura local e a popular fazendo com que os indivíduos escolham – ou sejam incentivados a escolher – quais bens se identificam e queiram próximo a si para constituir suas identidades.

 **Link**

Você pode assistir o documentário *A sociedade do espetáculo*, de Guy Debord, de 1973, que revela aspectos das sociedades modernas baseadas no espetáculo. Através dele, podemos refletir sobre os rumos culturais que nossa sociedade toma em uma era mediada por imagens.

https://goo.gl/hQK8so

 **Exercícios**

1. Sobre a relação entre indivíduo e sociedade, é possível afirmar que:
   a) O ser humano pode viver isoladamente e se adaptar ao meio ambiente.
   b) A interação social é um processo entre indivíduos que acontece na idade adulta.
   c) O ser humano já nasce sabendo como se comportar na sociedade em que vive.
   d) A interação social é um processo que transmite a herança biológica.
   e) O ser humano é um ser social que participa de diferentes aspectos da sociedade.

2. "Nada é mais incisivo como marcador da identidade de um povo do que a cultura em que este povo mesmo se define. Sem ela, tal identidade simplesmente desaparece, dissolve-se, deixando ali, como consequência, uma amorfa massa humana. Daí ser imperativo o reconhecimento, incentivo e preservação da cultura popular de forma que as gerações futuras sintam-se não só herdeiras, mas também valedoras de gigantesco e precioso tesouro."
Fonte: Lyno, 2016.
Sobre o texto, é possível afirmar que a cultura popular:
   a) Se refere exclusivamente ao saber das danças tradicionais.
   b) Reflete a identidade local de um povo.
   c) Se refere aos saberes do futuro.
   d) Reflete a identidade global.
   e) Se refere exclusivamente ao saber da cozinha tradicional.

3. Sobre a história do lobisomem, pode-se dizer que:
   a) É uma produção da cultura popular sobre um personagem fictício.
   b) É uma produção da indústria cultural e do cinema internacional.
   c) É uma produção da cultura popular sobre um personagem real.

d) É uma produção da indústria cultural e do cinema nacional.

e) É uma produção da cultura popular somente do Sul do país.

4. "O celular é o grande interruptor da vida. Ele interrompe quase tudo. De concertos e feriados até encontros ou férias, nenhuma ocasião está imune a ser interrompida por esses aparelhos. Consequentemente, nossos telefones também são vício. Sua funcionalidade como versáteis minicomputadores – equipados com mapas, calendários, câmera fotográfica e conexão à internet, além de coleções de livros, música e jogos – nos dá a sensação de estarmos em toda parte ao mesmo tempo."
Fonte: Ramos, 2012.
A partir do texto acima, é possível afirmar que:

a) Os celulares são produzidos pela cultura popular.

b) O indivíduo se insere na sociedade ao ter um celular.

c) Os celulares nos conectam ao mundo sem nos prejudicar.

d) O indivíduo mantém relações virtuais esporadicamente.

e) Os celulares são atributos modernos da indústria cultural.

5. A televisão é, muitas vezes, o principal meio de informação de grande parte da população. Entretanto, nos programas, não se conseguem passar todas as informações e notícias existentes, por isso, são selecionadas somente algumas delas. Essa escolha sobre o que dizer e como dizer também pode conduzir o pensamento do telespectador e levá-los a ter uma leitura semelhante sobre o que acontece na sociedade, sem profundidade e criticidade maior. Assim, pode-se dizer que:

a) O que é veiculado na televisão não influencia quem assiste.

b) A televisão apresenta informações como sendo verdades e também como sendo as mais importantes.

c) O que é veiculado na televisão é dirigido somente à elite da sociedade.

d) A televisão emite somente informações do folclore.

e) O que é veiculado na televisão é produto da cultura popular.

 **Referências**

CAPPARELLI, S. *Televisão e criança*. 2011. Disponível em: <http://www.capparelli.com.br/tv.php>. Acesso em: 1 out. 2017.

COMISSÃO DO FOLCLORE BRASILEIRO. *Carta do folclore brasileiro*. 1995. Disponível em: <http://www.fundaj.gov.br/geral/folclore/carta.pdf>. Acesso em: 1 out. 2017.

COSTA, C. *Sociologia*: introdução à ciência da sociedade. 4. ed. São Paulo: Moderna, 2010.

DIAS, R. *Introdução à sociologia*. 2. ed. São Paulo: Pearson Prentice Hall, 2010.

LEONTIEV, A. *O desenvolvimento do psiquismo*. São Paulo: Centauro, 2004.

LYNO, J. *Cultura popular*: sua diversidade e importância. 2016. Disponível em: <https://trendr.com.br/cultura-popular-sua-diversidade-e-import%C3%A2ncia--96446407feec>. Acesso em: 09 nov. 2017.

MORIN, E. *Cultura de massa no século XX*. Rio de Janeiro: Forense Universitária, 1997. v. 1.

RAMOS, J. *O grande vício em celulares nos distancia de quem está perto*. 2012. Disponível em: <http://m.noticias.uol.com.br/internacional/ultimas-noticias/2012/04/04/o--grande-vicio-em-celulares-nos-distancia-de-quem-esta-perto.htm>. Acesso em: 09 nov. 2017.

XIDIEH, O. et al. *Catálogo da feira nacional de cultura popular*. São Paulo: SESC, 1976.

Leitura recomendada

CHAUÍ, M. *Conformismo e resistência:* aspectos da cultura popular no Brasil. São Paulo: Brasiliense,1986.

Símbolos e relações simbólicas

Objetivos de aprendizagem

Ao final deste texto, você deve apresentar os seguintes aprendizados:

- Reconhecer a importância dos símbolos para os seres humanos.
- Escrever sobre a relação entre os símbolos e a ação simbólica.
- Descrever o estudo dos símbolos na vida social.

Introdução

Neste capítulo, você conhecerá como os símbolos atuam na comunicação entre seres humanos. E nesse sentido, estudará as relações simbólicas que permeiam a nossa sociedade.

Os símbolos para os seres humanos

Nos perguntamos como os homens se comunicam? Como eles entendem um ao outro? O que media essa compreensão? E nesse sentido, o que diferencia a comunicação humana dos animais? Essas perguntas podem ser respondidas a partir do estudo dos símbolos, uma vez que eles permeiam o imaginário humano e se tornam crucial para as relações humanas.

Desde de muito pequenas, as pessoas aprendem a perceberem os símbolos que circulam a cultura em que vivem, e então utilizam esses símbolos para se comunicar e efetivarem suas ações (Figura 1). Assim, alguns estudiosos do assunto aprofundaram suas análises para compreender qual, de fato, é a importância dos símbolos para a comunicação dos seres humanos.

O antropólogo americano Leslie White (2009) entendia que a diferença entre os seres humanos e os outros seres era justamente o fato de que os homens tivessem a capacidade de simbologizar, pois, para ele, os animais se comunicam através de sinais, e os homens se comunicam por meio de símbolos. White explica o que é essa capacidade de simbologizar, em um texto inicial do seu livro:

É a capacidade de originar, definir e atribuir significados, de forma livre e arbitrária, as coisas e acontecimentos do mundo externo, bem como compreender esses significados. [...] Os seres humanos atribuem-lhe esse significado e estabelecem sua importância. O significado por sua vez, pode ser compreendido por outros seres humanos. Se não fosse assim, não faria sentidos para eles. Simbologizar, portanto, envolve a possibilidade de criar, atribuir e compreender significados (WHITE, 2009, p. 9, grifo nosso).

Então, é através dos significados dados aos símbolos que os homens se comunicam e se entendem, a fim de identificar coisas, atos, sons e tudo o que não é sensorial. Por exemplo, em relação a crença do sagrado. O que é definido pelo homem como sagrado e o que não é também se dá como atribuição de significados. Entre os católicos, as imagens de santos são sagradas, mas entre evangélicos as imagens não são veneradas porque eles fazem uma outra leitura da bíblia. Desse modo, em uma mesma cultura, as interpretações dos grupos dos sociais existentes também podem ser diferentes e até opostas.

White (2009) ainda afirma que foi por esse processo de amadurecimento de evolução neurológica da capacidade de simbologizar que se fundou a criação e construção da cultura. Então, os símbolos seriam as unidades básicas do comportamento humano e se constituiriam como aporte para o desenvolvimento da cultura, de modo que o significado de uma coisa ou algo dependesse inclusive do contexto de análise, baseado na cultura em questão. O autor ainda explica melhor essa relação ao defender que: "A cultura como um todo – em termos ideológicos, sociológicos e tecnológicos – depende da simbolização, que se expressa principalmente no discurso articulado" (WHITE, 2009, p. 28-29).

Por meio da linguagem é que se organiza o pensamento permeado por símbolos e a comunicação entre as pessoas se dá por meio da linguagem. Essa linguagem é permeada por símbolos que fazem sentido em uma cultura específica, assim, por meio dela é possível acumular e transmitir conhecimento adiante, bem como originar as instituições sociais que estruturam a sociedade. Logo, o estudo dos símbolos é crucial para que possamos analisar e compreender como se dá a comunicação entre os seres humanos tornando possível seus modos de vida. Por isso, se queremos entender os significados de uma outra cultura, temos de acessá-la ou mesmo mergulhar nela e buscar os símbolos que fazem sentido ali.

Link

Você pode ver o documentário *O rap pelo rap*, de Pedro Fávero, que fala sobre os simbolismos que permeiam esse estilo de música. E também aproveitar para refletir um pouco mais sobre os significados que circulam entre as pessoas que têm o rap como estilo de vida a partir dos depoimentos e entrevistas.

https://goo.gl/PpHjZ1

Os símbolos e a ação simbólica

Após compreender a importância dos símbolos, cabe entender como se dá a circulação desses símbolos na sociedade. Com esse objetivo, vamos trazer as ideias de Clifford Geertz (2008, p. 9) a fim de entender a afirmação de que "o comportamento humano é visto como ação simbólica". Podemos dizer que essa ação simbólica pode ser intrepretada a partir dos seus contextos culturais, e não como se pudessem ser explicados definitivamente por si própria.

Para situar o pensamento do autor, destacamos que ele se filia a antropologia simbólica fundante na Universidade de Harvard, nos anos 60 e 70, sendo esta prenunciada pelo estruturalismo francês de Levi-Strauss (1908-2009) ao expor certa resistência à metodologia cientificista e ao considerar o particularismo das culturas (BARNARD; SPENCER, 2002).

Assim, seria por meio da interpretação das culturas que se desvendaria os símbolos permeados entre os seres humanos, resultando na ação simbólica. A ação simbólica, por sua vez, associa a ação e a representação, ou seja, não podemos pensá-las de modo separadas, pois elas serão reveladas a partir do fluxo do discurso social de uma maneira contextualizada e dinâmica, como Geertz (2008) compreende a cultura, e não uma ação simbólica disposta em uma estrutura fechada e, de certa maneira, estática como teorizava Lévi-Strauss.

Geertz entende que caberia então inspecionar o fluxo do discurso social, em uma atenção elucidativa aos significados em questão. Assim, nos processos de observação, análise e registro da cultura do outro seria possível acessar os significados e interpretá-los, de modo que esses processos ocorrem de maneira simultâneas. Logo, quem observa para tentar entender a ação simbólica participa também da construção desse significado, podendo perceber as recorrências dos significados envoltos na dimensão humana, como propõe Geertz (2008).

Podemos dizer, então, que Geertz aposta em uma ideia de que a experiência do outro está imbuída de uma troca constante de símbolos significantes. Esse termo de "simbolos significantes", o autor retoma de Mead (apud GEERTZ, 2008, p. 33) para aplicar à "[...] qualquer coisa que esteja afastada da simples realidade e que seja usada para impor um significado à experiência". Assim, o foco do estudo da cultura são os mecanismos empregados pelos indivíduos ou grupos de indivíduos ao se situar(em) no mundo. Objetiva-se a compreensão da estrutura significativa da experiência sem perder de vista a dimensão temporal. De modo que o autor enfatiza que "é preciso compreender tanto a organização da atividade social, suas formas institucionais e os sistemas de idéias que as animam, como a natureza das relações existentes entre elas" (GEERTZ, 2008, p. 150).

No estudo sobre a sociedade balinesa, Geertz (2008) aplica essas ideias para desvendar os significados em outra cultura. E retomando alguns pontos de sua obra, quando trata da pessoa, do tempo e da conduta em Bali, Geertz se interessa no como se define as pessoas e como elas são percebidas na interação com outras pessoas. Assim, ele aposta em uma investigação empírica e sistemática em que a experiência do outro está imbuída de uma troca constante de símbolos significantes, sendo foco do estudo da cultura os mecanismos empregados pelos indivíduos ou grupos de indivíduos ao se situar(em) no mundo.

Quanto às brigas de galo na sociedade balinesa (GEERTZ, 2008) (Figura 2), Geertz interpreta que a rinha entre os animais, no espaço público, explicita aspectos culturais nos quais os homens se realizam simbolicamente no que lhe é interditado socialmente. Destaca-se que há aversão ao comportamento animal. Entretanto, as pessoas estão absorvidas em um fluxo de atividade comum que as relacionam entre si, sendo que os galos são entendidos como "ampliação da personalidade de seus proprietários" (GEERTZ, 2008, p. 190), em que se explicita uma rivalidade entre posições sociais em uma dada sociedade.

Figura 2. Rinha de galos balinesa, considerada de extrema importância nesta cultura.
Fonte: Bali Rooster Fight (2017).

Enquanto se desenrola a briga de galos, as pessoas assumem certos temas, como "[...] morte, masculinidade, perda, beneficências, oportunidade – e ordenando-os em uma estrutura globalizante, apresenta-os de maneira tal que alivia uma visão particular da sua natureza essencial" (GEERTZ, 2008, p. 2016). As apostas nos galos, realizadas nos bastidores, estão atreladas a uma série de regras em que o pesquisador deve se atentar para que a ação social seja interpretada a partir do contexto cultural, uma vez que a cultura é pública porque o significado o é, como defende Geertz (2008).

Assim, o autor se dedica a refletir sobre a concepção de pessoa na sociedade balinesa, destancando definições de ordens simbólicas também no reconhecimento destas pessoas. Os nomes pessoais, que não são muito acionados na vida pública; os nomes da ordem do nascimento, designados para os primeiros filhos de um casal, explicitando aqueles que ainda não procriaram; os termos de parentesco, que classificam em termos geracionais aqueles que são contemporâneos; os tecnônimos, que são mais usados na ordem social ao explicitar a relação entre alguém e outro, vinculados a procriação de casais, de modo a estabelecer uma possibilidade de continuidade reprodutiva; título de status, que se referência por uma ordem divina podendo estar combinado com a dimensão do poder, da riqueza e da divisão do trabalho; e títulos públicos, que são explicitados na ordem pública em relação ao que o indivíduo faz da sua vida (GEERTZ, 2008).

Os símbolos na vida social

A discussão desse capítulo é um convite para que percebamos os simbolismos presentes em nossa cultura. Talvez pela familiaridade com o que faz sentido para nós, não nos damos conta da potencialidade interpretativa dos significados que permeiam os símbolos em nossa cultura. Entretanto, se fizermos um exercício de compreensão de aspectos culturais que sejam distanciados a nós, poderemos acessar, observar e interpretar os significados relevantes para as outras pessoas, e que mesmo sendo estranhos a nós, conhece-los nos fará ampliar nosso conhecimento dos modos de vida existentes em nossa cultura.

Podemos não compreender porque alguém gosta de um estilo de música, pensa de tal jeito sobre um assunto ou mesmo faz parte de uma religião que não faz sentido. Mas, se soubermos aplicar alguns conhecimentos de etnografia apreendidos nessa disciplina, será possível, como fala Geertz, diferenciarmos uma piscadela de uma contração involuntária das pálpebras e, assim, realizar uma interpretação que faça sentido na cultura analisada. De modo que, aos poucos, pode-se compreender "a hierarquia estratificada de estruturas significantes em termos das quais os tiques nervosos, as piscadelas, as falsas psicadelas, as imitações são produzidas, percebidas e interpretadas" (2008, p. 5). Logo, conclui-se que não estamos em busca de uma verdade pronta, fechada e incontestável, mas uma afirmação etnográfica sobre sua interpretação das estruturas de significados socialmente estabelecidos.

Nesse sentido, para compreender, cabe comparar, negociar e questionar as interpretações configuradas, uma vez que elas não têm necessariamente o propósito de inferir generalizações da estrutura social como os estruturalistas faziam, mas sim de interpretar a cultura do outro, considerando o empenho em relativizar seus próprios valores e normas sociais.

Ao mesmo tempo, Geertz (2008) aconselha que se concentre em voos baixos nessas análise, sendo esses mais vantajosos do que os voos altos, pois, quando a pessoa quer compreender a cultura do outro como um todo, pode equivocar-se com mais facilidade. Por isso, caberia mais propor perguntas e alguns refinamentos de debates do que fazer grandes afirmações, gerar consensos e estabelecer explicações definitivas.

Link

Falamos ao longo do texto em ver, mas esse ver não está só relacionado à visão, e sim a percepção. Por isso, você pode ver o documentário Janela da Alma, de João Jardim e Walter Carvalho, de 2001, para sensibilizar-se sobre a percepção dos símbolos que permeiam a vida social.

https://goo.gl/jjYsyW

Exercícios

1. Sobre a importância dos símbolos, é possível afirmar que:

a) O ser humano aprende os símbolos relevantes na escola.

b) Permitem aos animais se comunicarem na vida social.

c) O ser humano percebe os símbolos somente pela visão.

d) Permitem aos seres humanos se comunicarem na vida social.

e) O ser humano partilha os símbolos com os animais.

2. "Pai, afasta de mim esse cálice/ Pai, afasta de mim esse cálice/ Pai, afasta de mim esse cálice/ De vinho tinto de sangue/Como beber dessa bebida amarga/ Tragar a dor, engolir a labuta/ Mesmo calada a boca, resta o peito/Silêncio na cidade não se escuta/ De que me vale ser filho da santa/Melhor seria ser filho da outra/Outra realidade menos morta/Tanta mentira, tanta força bruta" Cálice, de Chico Buarque. Sobre o texto, é possível afirmar que:

a) Para interpretar a letra, temos de conhecer o ritmo da música que complementa o sentido do que quis dizer o autor.

b) A música fala sobre alguém que tem problemas com a bebida e entende que não pode tomar mais um gole senão não aguentará a realidade que vive.

c) Para interpretar a letra, temos de conhecer pessoalmente quem a escreveu e entender os dramas que vivia no momento da escrita, e só assim poderemos compreender.

d) A música fala sobre alguém que tem problemas com a bebida e entende que somente continuando a beber poderá sobreviver na sociedade.

e) Para interpretar a letra, temos de conhecer a crítica social do contexto sócio-político da sociedade brasileira que viveu a ditadura, e para que as letras de músicas passassem pela censura, era preciso imbuir o teor duplo sentido.

3. Sobre a ação simbólica, é possível afirmar que é referente:

a) Ao comportamento animal.

b) À produção de símbolos pelos seres humanos.

c) A símbolos dispostos somente em rituais.

d) Ao comportamento de todos os seres existentes.

e) À produção de sentido do homem isolado.

4. Ao nascer, como uma criança aprende os símbolos que são relevantes na sociedade em que ela está?

a) A partir da convivência com animais e outros seres.

b) Somente seus pais podem ensinar esses símbolos.

c) A partir da comunicação dessa criança com os membros da sociedade em que ela está.

d) Somente os professores podem ensinar esses símbolos.

e) A partir dos estudos nos livros quando ela entrar na escola.

5. De acordo com Geertz, precisamos acessar, observar e interpretar as piscadelas do outro com certo cuidado.

a) Porque podemos interpretar as piscadelas que mais nos importam para compreender o outro.

b) As piscadelas são estratégias para paquerar alguém.

c) Podemos interpretar todas as piscadelas da mesma forma independente do contexto em que ocorre.

d) As piscadelas enganam as pessoas que as percebem.

e) Podemos interpretar o que cada piscadela quer dizer conforme o contexto em que ocorre.

Referências

BALI ROOSTER FIGHT. 2017. Disponível em: <https://br.pinterest.com/pin/547891110901075472/?lp=true>. Acesso em: 1 out. 2017.

BARNARD, A.; SPENCER, J. *Encyclopedia of cultural and social anthropology.* London: Routledge, 2002.

CIBERDUVIDAS. ([2000?]). Disponível em: <https://ciberduvidas.iscte-iul.pt/quem--somos>. Acesso em: 1 out. 2017.

GEERTZ, C. *A interpretação das culturas.* Rio de Janeiro: LTC, 2008.

WHITE, L. *O conceito de cultura.* Rio de Janeiro: Contraponto, 2009.

Ritos e rituais

Objetivos de aprendizagem

Ao final deste texto, você deve apresentar os seguintes aprendizados:

- Definir a relação entre símbolos e ritos.
- Explicar como se dá o processo ritual.
- Aplicar os estudos de rituais para o âmbito religioso.

Introdução

Para compreender um ritual, temos de estar atentos às ações simbólicas que se desenvolvem nesse processo. Tendo em vista que a passagem por um ritual envolve transformação de posição social.

Neste capítulo, você irá compreender a relação entre símbolos e ritos, a fim de desvendar como se dá o processo ritual. E também vai analisar as possibilidades de aplicação desse estudo, no âmbito religioso.

Os símbolos e os ritos

Pode se dizer, conforme propõe Marconi e Presotto (2010, p. 28), que crença é "a aceitação como verdadeira de uma proposição comprovada ou não cientificamente. Consiste em uma atitude mental do indivíduo, que serve de base à ação voluntária. Embora intelectual, possui conotação emocional".

Então, a maneira como cada sociedade guia os seus rituais está permeada por crenças e valores construídos entre os seus membros ao longo dos tempos, podendo ser transmitidos de geração a geração ainda que possa ter sofrido pequenas alterações em sua forma original. Tendo em vista essa discussão, vamos nos aproximar de um estudo de rituais em que os indivíduos de uma sociedade manifestam seus sentimentos a partir de uma determinada ação.

Para isso, vamos acompanhar os estudos antropológicos de Victor Turner (2008), que compreendia que os fenômenos culturais estão prenhes de símbolos e de crenças de tipo não estrutural, diante da estrutura do processo ritual.

Nesse sentido, podemos dizer que Turner se contrapõe às ideias estruturalistas de Lévi-Strauss, pois a noção de levistraussiana enfatiza o cognitivo, a arbitrariedade do significado e a ideia de estrutura separada do sentido das ações e da intencionalidade dos atores. Enquanto que o pensamento turneriano ressalta a produção das construções simbólicas baseadas nos valores e nas crenças dos membros da sociedade.

A antropóloga Mariza Peirano se dedicou aos estudos dos rituais como estratégia analítica e abordagem etnográfica, evidenciando em seu livro, *O dito e o feito*, a "perspectiva durkheimiana que vê nos cultos e rituais verdadeiros atos de sociedade nos quais são reveladas visões de mundo dominantes de determinados grupos" (PEIRANO, 2002, p. 10). Ela acessou autores clássicos da Antropologia que discutiram o assunto, assim, retomou o interacionista simbólico Victor Turner que estudou os rituais entre Ndembus do noroeste da Zâmbia, no centro sul da África.

Os interacionistas simbólicos entendiam que os símbolos servem para orientar as ações nas sociedades humanas. Assim, como afirma Turner (1974), esses símbolos são conscientes e atuam durante o processo ritual em que eles se apresentam em forma de objetos, gestos, cantos, para expor a mensagem que querem passar por meio do rito. Logo, o encadeamento de símbolos dentro do ritual, ordena e constrói a ideia de que está se passando de um ponto da estrutura social a outro.

Assim, há certa estrutura social no processo ritual em que convive a ação social e os arranjos sociais no desenrolar desse rito. De modo que, nesses arranjos sociais, permeiam símbolos visuais e auditivos, operando culturalmente como combinações e associações de ideias que revelam cosmologias, valores, axiomas culturais dispostos na sociedade, e que são transmitidos de uma geração a outra também por meio do processo ritual.

Os estudos de Turner visaram compreender a ligação entre as fases do ritual designando, para isso, aportes conceituais e teóricos na área da Antropologia. Como explica melhor Peirano (2002, p. 21):

> Victor Turner procurou resgatar a dimensão do viver, definindo os rituais como *loci* privilegiados para se observar os princípios estruturais entre os ndembu africanos, mas também apropriados para se detectar as dimensões processuais de ruptura, crise, separação e reintegração social, cujo estudo ele havia iniciado com sucesso mediante a ideia de "drama social" – ritos seriam dramas sociais fixos e rotinizados, e seus símbolos, no âmbito da razão durkheimiana, estariam aptos para uma análise microssociológica refinada. Fascinado pelos processos, conflitos, dramas – em suma, pelo vivido –, para Turner, símbolos instigam a ação.

Nesse sentido, cabe utilizar o aporte teórico e conceitual turneriano para compreendermos as possibilidades de estudo da área e até termos condições de realizar análises de ritos e rituais relacionados às crenças e aos valores presentes na sociedade em que vivemos.

Desvendando o processo ritual

Para compreendermos o processo ritual, temos de resgatar o que diz Van Gennep (2011) sobre os estudos de ritos de passagem. Ele chamou assim todos os ritos de transição que acompanham a mudança de lugar, estado ou posição social de idade. E enfatizou três fases que esses ritos se desdobram: **separação, margem ("limiar") e agregação**. De modo que todo ritual, de qual ordem fosse, estaria submetido a essa configuração.

A primeira fase é quando o indivíduo ou grupo social inicia o afastamento da estrutura social em si. A segunda fase é o período limiar, no qual as características do sujeito ritual – que é quem está passando pelo ritual – são ambíguas, pois ele está fora da estrutura mais próxima a ela, em uma condição extrema. E a terceira fase é quando há a passagem e o indivíduo ou grupo social é reintegrado na estrutura, e volta a ter direitos e obrigações definidos e estruturados.

Dessa maneira, como explica Gennep (2011), espera-se que o indivíduo ou grupo social se comporte de acordo com as normas e padrões éticos da sociedade em questão, conforme a nova posição social que ocupa ou ocupam após o ritual, conforme definido pela relativa estabilidade da estrutura.

Por ritual, Turner (2005, p. 57) entende:

> [...] o comportamento formal prescrito para ocasiões não devotadas à rotina tecnológica, tendo como referência a crença em seres ou poderes místicos. O símbolo é a menor unidade do ritual que ainda mantém as propriedades específicas do comportamento ritual; é a unidade última de estrutura específica em um contexto ritual.

Assim, devemos entender o ritual como um sistema de significados.

Logo, esse autor se apropria das ideias de Gennep e realiza os estudos de ritos de passagens buscando as concepções interestruturais – que ele chama de *communitas* – em meio a passagem de um estado a outro na estrutural social (TURNER, 1974). No entanto, ele não trata esses dois momentos – *communitas* e estrutura social – como oposição, e sim de forma análoga, de modo que há uma relação dialética entre esses dois momentos que sustentam o caráter de humanidade para além de posição social. Ele entende que muitas vezes é preciso passar pelo processo ritual, mas para que se restabeleça a estrutura social.

A *communitas* é o momento de suspensão das relações cotidianas, é espontânea, autógena e reduz as diferenças sociais, enquanto a estrutura social reforça essas diferenças e marcações das relações cotidianas. Como a estrutura social é a arena na qual eles perseguem seus interesses materiais, a *communitas* é recalcada para o inconsciente. Os ritos, os símbolos e os mitos são complexos, e suas formas culturais na *communitas* pressupõe que esses elementos possam ser vivenciados com maior profundidade do que em qualquer outro contexto. Logo, na *communitas* cabe mais a transmissão das relações entre símbolos, ideias e valores do que a própria marcação das posições sociais.

Vamos aprofundar o que diz Turner sobre essas fases! Em relação a segunda fase, que considera os períodos liminares, Turner (1974) entende que é um estar fora e dentro da estrutura social ao mesmo tempo, já que se suspende os relacionamentos sociais normais para ser reintegrado novamente. E o indivíduo ou grupo social que passa por esse ritual fica em uma espécie de invisibilidade estrutural, como se estivessem sido colocados à uma condição uniforme que é o *communitas*, para ser formatado de novo e em uma outra situação venha a ser realocado em outra posição social. Durante esse período de *communitas*, as manifestações que ali ocorrem devem parecer perigosas e sem organização, de modo que há algumas restrições nessa fase.

Nesse sentido, a condição liminar do indivíduo ou grupo social, durante o processo ritual, tem algumas especificidades, como explica Turner (2008, p. 241):

> [...] numa situação temporariamente liminar e especialmente marginal, os neófitos passageiros são despidos de status e autoridade num rito de passagem prolongado – em outras palavras, removidos de uma estrutura social que é em última estancia mantida e sancionada pelo poder e pela força – e posteriormente nivelados até um estado social homogêneo pela disciplina e pelo ordálio [...] muito do que vinha sendo cerceado pela estrutura social é liberado, notadamente o senso de camaradagem e comunhão, em suma, de *communitas* [...].

Nesse sentido, o Turner (2008) ainda vai citar três situações da cultura onde a *communitas*, que é esse momento de suspensão das relações cotidianas, pode estar presente, são elas: **liminaridade**, *outsiderhood* e **inferioridade estrutural**.

Na **liminaridade**, é quando em um processo ritual se passa de um ponto de classificação a outro, o que está entre *betwix* e *between*, de modo que o neófito fica em um ponto inclassificável na estrutura social. Para Turner (2008), a liminaridade considera uma fase da vida social em que as atividades realizadas pelo sujeito ritual não estão demarcadas na estrutura social, de modo que essa fase se mantém como um estado e não mais uma passagem.

O *outsiderhood* corresponde a quem tem uma posição diferenciada na sociedade, como líderes messiânicos, médiuns, xamãs, pais de santo, etc., pois eles não se encaixam na estrutura, já que analisam a estrutura social para analisar criticamente aos seus seguidores. Diferente dos liminares, eles não têm garantias de resolução final para sua ambiguidade, de modo que não têm um status social reconhecido.

E o último é a **inferioridade estrutural,** que se trata da condição de certas classes sociais ou da sociedade de castas, em que se considera uns inferiores em relação a outros superiores. A função simbólica dos que são rejeitados seria a de representar a humanidade sem qualificações, de modo que há recompensas desiguais para essas que são concedidas por suas posições diferenciadas.

Link

Você pode ver o ensaio fotográfico dos Dinkas do Sudão, realizado pelas fotógrafas Carol Beckwith e Angela Fisher, ao acompanhar o cotidiano, cerimônias e rituais que relevam crenças e valores desses povos.

https://goo.gl/cNOCIL

Processo ritual na religião

Podemos nos valer dessa discussão mais teórica para pensar sobre o processo ritual no contexto religioso. De modo geral, crenças e rituais são elementos constitutivos das práticas religiosas, uma vez que é por meio delas que o indivíduo ou o grupo social manifesta seus sentimentos (MARCONI; PRE-SOTTO, 2010).

De modo que reconhece e aceita a superioridade do sobrenatural e se coloca em devoção a ele, o ritual religioso cultuará o sobrenatural por meio de uma atividade acordada socialmente, podendo contar com elementos que compõe as práticas específicas envolvendo crenças e valores daquela sociedade.

O estudo sobre o candomblé é amplo e complexo. Alguns pesquisadores se dedicaram a pesquisar os elementos que compõe sua concepção e suas práticas. Dias (2014) estava interessado na discussão do *ori,* que é um sentido peculiar dado à cabeça, a partir do contexto religioso, e explica a relevância de fazer essa análise:

> A análise da concepção e ritualidade em torno do orí nos permitiu alcançar todo um vasto quadro interpretativo e utilitário, fornecendo novos dados a um campo de análise tradicionalmente unívoco e unidimensionalmente formatado. Tal ideia equivale a dizer que com este trabalho, de algum modo, se abre um novo campo de possibilidades de leituras, interpretações, significações e configurações sobre os padrões de pensamento religioso *yorùbá* e afro-brasileiro, e suas expressões rituais (DIAS, 2014, p. 38).

Nesse sentido, as análises etnográficas dos contextos rituais no âmbito religioso contribuem com a própria problematização do campo de atuação das religiões, mas também com a produção de registro dessas práticas por meio da escrita. O antropólogo Vagner Gonçalves da Silva (1991, p. 57), que estudou longamente religiões afro-brasileiras, entende que esses estudos também são contribuições para quem permitiu ser estudado, pois, segundo ele, "as etnografias vão constituindo assim o *"corpus inscriptionum"* da religião.

De modo geral, o estudo dos rituais religiosos envolve a compreensão de seres, entidades, forças, almas, elementos rituais, cânticos entoados, entre outros. Há o culto dos objetos sagrados e até mesmo forma de ritos que são realizados. Marconi e Presotto (2010, p. 159), resumem que:

> A religião, de modo geral, reforça e mantem os valores culturais, estando muito deles ligados à ética e à moral, pelo menos implicitamente. Sustenta e inculte normas particulares de comportamento culturalmente aprovadas, exercendo, até certo ponto, poder coercitivo. Ajuda na conservação de conhecimentos ao transmitir, através de rituais e cerimônias dramatizadas, os procedimentos ou normas de conduta importantes em determinada cultura.

Portanto, enfatizamos a relevância da análise do processo ritual no âmbito religioso, uma vez que o grupo praticante se encontra, cultua suas crenças e dá continuidade às práticas que fazem sentido para eles.

Link

Assista ao documentário "Os mestres loucos", do etnólogo e cineasta Jean Rouch, filmado em 1955, que registrou um culto religioso importante dos trabalhadores de Gana, no qual incorporam elementos coloniais em suas práticas rituais.

https://goo.gl/aVMmbR

Exercícios

1. Sobre a reação dos símbolos e rituais, é possível afirmar que:
   a) Os rituais desorganizam os símbolos e as práticas rituais.
   b) Os ritos de passagem acontecem somente na transformação para fase adulta.
   c) Os rituais organizam os símbolos de modo a fazer sentido para dada sociedade.
   d) Os ritos de passagem carecem de simbolismos.
   e) Os rituais organizam a mente dos seres humanos na ação social.

2. Para muitos, a formatura é um momento especial. Sobre esse momento e os ritos de passagem, é possível afirmar que:

   a) A festa de formatura se dá como ritual de passagem de criança para adulto.
   b) O canudo e toga são elementos simbólicos do rito de passagem da formatura.

c) A festa de formatura se dá como ritual de passagem de solteiro para casado.

d) O canudo e toga são meramente ilustrativos nas formaturas.

e) A festa de formatura é apenas um momento, mas não um ritual de passagem.

3. A primeira fase é quando o indivíduo ou grupo social inicia o afastamento da estrutura social em si. A segunda fase é o período limiar, no qual as características do sujeito ritual são ambíguas, pois ele está fora da estrutura mais próxima a ela, em uma condição extrema. E a terceira fase é quando há a passagem, e o indivíduo ou grupo social é reintegrado a estrutura, e volta a ter direitos e obrigações definidos e estruturados.

Sobre as fases do ritual de passagem teorizada por Van Gennep, é possível afirmar que:

a) Na primeira fase, as características simbólicas do sujeito ritual são ambíguas.

b) Na segunda fase, o sujeito ritual inicia o afastamento da estrutura.

c) Na terceira fase, o sujeito ritual está em uma condição extrema.

d) Na primeira fase, o sujeito ritual é reintegrado a estrutura social.

e) Na segunda fase, as características simbólicas do sujeito ritual são ambíguas.

4. Sobre a foto abaixo e ritos de passagem, é possível afirmar que:

a) O casamento acontece dessa maneira em todas as sociedades que existem.

b) A igreja, o padre, padrinhos, vestido de noiva e anel de formatura são os elementos que compõe o ritual do casamento.

c) O casamento é um ritual de passagem que acontece como faz sentido para a sociedade na qual ele está inserido.

d) O vestido da noiva não tem um simbolismo no ritual do casamento.

e) A casamento acontece para que simbolicamente todos saibam do compromisso entre os noivos para permanecer solteiros.

5. Sobre ritos de passagem nas práticas religiosas, é possível afirmar que:

a) Nas religiões afro-brasileiras, não inclui o sobrenatural.

b) Somente crenças participam, mas não valores da sociedade.

c) Nas religiões afro-brasileiras, todos elementos vêm do continente africano.

d) Somente valores participam, mas não crenças.

e) Nas religiões afro-brasileiras, há elementos do hibridismo cultural.

Referências

DIAS, J. F. À cabeça carrego a identidade: o orí como um problema de pluralidade teológica. *Afro-Ásia*, Salvador, n. 49, jan./jun. 2014 . Disponível em: <http://www. scielo.br/scielo.php?script=sci_arttext&pid=S0002-05912014000100001&lng=en&nrm=iso>. Accesso em: 1 out. 2017.

GENNEP, A. Van. *Os ritos de passagem*. 2. ed. Petrópolis: Vozes, 2011.

MARCONI, M. de A.; PRESOTTO, Z. M. N. *Antropologia*: uma introdução. 7. ed. São Paulo: Atlas, 2010.

MUSEU DO ÍNDIO. *Rituais indígenas*. 2017. Disponível em: <https://www.museudoindio. org.br/rituais-indigenas/>. Acesso em: 1 out. 2017.

PEIRANO, M. A análise antropológica de rituais. In: PEIRANO, M. (Org.). *O dito e o feito*. Rio de Janeiro: Relume Dumará, 2002.

SILVA, V. G. A crítica antropológica pós-moderna e a construção textual da etnografia religiosa afro-brasileira. *Cadernos de Campo*, São Paulo, v. 1, n.1, 1991. Disponível em: <https://revistas.usp.br/cadernosdecampo/article/view/36774/39496 >. Acesso em: 1 out. 2017.

TURNER, V. *A floresta dos símbolos*. Rio de Janeiro: EDUFF, 2005.

TURNER, V. *Dramas, campos e metáforas*. Niterói: EDUFF, 2008.

TURNER, V. *O processo ritual*: estrutura e anti-estrutura. Petrópolis: Vozes, 1974.

Evolução humana: eras e períodos geológicos

Objetivos de aprendizagem

Ao final deste texto, você deve apresentar os seguintes aprendizados:

- Definir o conceito de evolução humana.
- Identificar as eras e os períodos geológicos.
- Compreender o surgimento do homem atual.

Introdução

A ciência busca vestígios para explicar os caminhos da evolução humana, e é por meio deles que podemos acessar a história da nossa constituição biológica enquanto seres humanos, a fim de compreendermos como chegamos até aqui.

Neste capítulo, você vai ler sobre o conceito de evolução humana e identificar as eras e períodos geológicos adotados, socialmente, para estudar os processos evolutivos da constituição humana.

Conceito de evolução humana

Estudar a evolução humana, não é algo simples. Temos de entender, primeiramente, que, para compreendermos o desenvolvimento da espécie humana ao longo dos tempos, é preciso realizarmos uma **antropogênese**. Ou seja, dedicar-nos mais a fundo sobre o surgimento da humanidade a partir das análises explicativas vigentes. Essas análises compreendem a religião, a mitologia, a ciência, entre outras áreas que visam explicar como o homem evolui com o passar dos tempos. Apesar de a religião e a mitologia terem suas hipóteses sobre a origem humana, vamos nos concentrar nas explicações científicas nas quais a própria ideia de evolução humana é apontada como objetivo de investigação.

Logo, a **antropologia pré-histórica** se torna a base para a interpretação de como se deu esse processo evolutivo, e, por meio da metodologia científica empregada, os artefatos arqueológicos que são encontrados para provar os caminhos do desenvolvimento humano passam a consolidar um mosaico sobre a história da constituição biológica dos seres humanos. Entretanto, sabemos que, a cada novo achado, outras hipóteses sobre o desenvolvimento humano podem surgir, e, ainda, como lembra Neves (2006, p. 249): "[...] à medida que novos fósseis são encontrados, nossos modelos teóricos tornam-se sempre mais precisos, aproximando-nos paulatinamente da história real, como ocorre em qualquer área do conhecimento científico".

Dessa maneira, o fazer científico, ao apresentar o **processo evolutivo dos seres humanos**, confere certa veracidade e confiabilidade no modo como os dados são arranjados e dispostos, para elucidar a perspectiva teórica mais aceita socialmente até o momento. Trata-se de diversas áreas que estão empenhadas em estudar esse processo, e em conjunto acabam por desvendar as relações entre seus achados. São elas: a genética, a primatologia, a antropologia física, a linguística, a sociologia, entre outras. Mas ainda que se tenha esse esforço conjunto, julga-se pertinente reconhecer as limitações metodológicas para esclarecer pontos obscuros sobre a evolução humana, como reforça Neves (2006, p. 252):

> O estudo científico da evolução humana, portanto, deve ser visto no contexto dessas limitações da ciência ocidental. Mas apesar delas – que serão sobrepujadas ao longo do tempo – já podemos hoje fazer uma série de previsões sobre momentos específicos da evolução hominídea ou explicar com grande elegância processual eventos colocados pelos fósseis. Claro que quanto mais recuamos no tempo, mais incompleta será nossa compreensão, porque quanto mais antigos os fósseis, mais difíceis de serem encontrados.

Nesse sentido, pode-se compreender que o próprio conceito sobre a evolução humana é provisório e pode ser modificado a qualquer momento, ainda mais considerando os avanços do conhecimento científico e dos dispositivos tecnológicos para realizar pesquisas nessa área. No entanto, é preciso utilizarmos uma definição que nos guie a refletir sobre o processo evolutivo biológico e nos dê confiança para avançar na discussão sobre a temática. Então, conforme Futuyma (2002, p. 9):

A evolução biológica consiste na mudança das características hereditárias de grupos de organismos ao longo das gerações. Grupos de organismos, denominados populações e espécies, são formados pela divisão de populações ou espécies ancestrais; posteriormente, os grupos descendentes passam a se modificar de forma independente. Portanto, numa perspectiva de longo prazo, a Evolução é a descendência, com modificações, de diferentes linhagens a partir de ancestrais comuns. Desta forma, a História da Evolução tem dois componentes principais: a ramificação das linhagens e as mudanças dentro das linhagens (incluindo a extinção). Espécies inicialmente similares tornam-se cada vez mais diferentes, de modo que, decorrido o tempo suficiente, elas podem chegar a apresentar diferenças profundas.

Esse conceito apresenta um modo de observar o desenvolvimento evolutivo e nos desafia a compreender as mudanças biológicas que a espécie humana passou até chegar ao que conhecemos hoje. Entretanto, para compreendermos a evolução humana, é importante entender o aparecimento das primeiras formas de vida em meio ao surgimento da terra, e os processos de transformação que se deram ao longo de bilhões de ano.

 **Link**

Você pode assistir ao documentário *"Questionando a teoria de Charles Darwin"*, do HBO Documentary films, para compreender algumas ideias que são acionadas na explicação da origem das espécies.

https://goo.gl/AT8m3a

Eras e períodos geológicos

Na escala do tempo geológico (milhões e bilhões de anos), os éons são a maior subdivisão de tempo existente, e as eras geológicas correspondem à divisão de cada éon. Já período é como são chamadas as divisões das eras. Por meio desses parâmetros, definidos pela Comissão Internacional sobre Estratigrafia (ICS - *The International Commission on Stratigraphy*) da União Internacional de Ciências Geológicas (IUGS – *International Union of Geological Sciences*), pode-se concentrar em uma mesma representação gráfica, desde o surgimento da terra até a formação das civilizações. Essa proposta de uma visualização sintética da escala temporal permite compreender a sequência de acontecimentos que marcaram cada período e perceber o desdobramento de cada uma delas até a chegada dos seres humanos, conforme a tabela abaixo.

Tabela 1. Eras geológicas.

Era	Período	Principais eventos	Duração
Cenozoica	Quaternário	Surgimento do homem Última Era do Gelo	1 milhão de anos
	Terciário	Formação das montanhas Surgimento das aves Formação dos continentes atuais	70 milhões de anos
Mesozoica	Cretáceo	Divisão Extinção dos dinossauros Surgimento dos dinossauros	170 milhões de anos
	Jurássico		
	Triássico		
Paleozoica	Permiano	Surgimento dos tipos de rochas Formação das florestas Eras de Gelo Surgimento do primeiro continente (Pangeia) Surgimento dos peixes e vegetais Surgimento dos répteis	320 milhões de anos
	Carbonífero		
	Devoníano		
	Siluriano		
	Ordoviciano		
	Cambriano		
Pré-cambriana	Proterozoico	Primeiras formas de vida	4 bilhões de anos
	Arqueozoico	Formação de escudos cristalinos	

Fonte: Pena [(200-?)].

Agora, vamos ler mais sobre cada era e conhecer um pouco mais dos acontecimentos que delimitaram seus períodos, e compreender como cada um deles contribuiu para a existência de tudo o que conhecemos hoje no Planeta Terra. Apesar do surgimento do nosso planeta ser estimado em mais de 4 bilhões de anos, podemos acompanhar seu desenvolvimento evolutivo até chegar ao surgimento da humanidade.

A Era Pré-Cambriana tem esse nome porque acontece antes da existência da Cambria, que foi o nome dado pelos povos antigos ao local de formação rochosa onde é hoje o País de Gales. Ela tem a maior quantidade de tempo acumulada em seu recorte, se comparada com outras eras, e é composta por dois períodos: Arqueozoico, em que se deu a formação da crosta da terra; e Proterozoico, em que se deu o aparecimento dos animais unicelulares marinhos.

Nessa era, a atmosfera tinha sua constituição bem diferente da que é hoje, pois ela era composta de amônia, metano e outros gases. E a interação entre esses gases viabilizou reações de componentes químicos possibilitando a formação do oxigênio. Assim, apareceram os primeiros organismos vivos, como as bactérias, fungos, até os organismos mais complexos. Ao mesmo tempo, aconteceu o resfriamento da superfície terrestre, que colaborou no aparecimento de escudos cristalinos, resultando tanto em jazidas de rochas metamórficas, como na formação das rochas magnéticas.

Em seguida, tivemos a Era Paleozoica. Essa compreende mais de 300 milhões de anos e compreende seis períodos, são eles: Cambriano, Ordoviciano, Siluriano, Devoniano, Carbonífero e Permiano. Vamos comentar brevemente sobre cada um. No Cambriano, há o surgimento dos seres pluricelulares, até alguns seres macroscópicos, como plantas e animais. No Ordoviciano, há o surgimento das primeiras geleiras e dos animais invertebrados. No Siluriano, surgem os cefalópodes (polvos e lulas), os animais com mandíbulas, os recifes de coral e plantas terrestres. Nesse período, havia um único supercontinente chamado Pangeia, que posteriormente originou o supercontinente do Sul, Gondwana, que se afastava do supercontinente do Norte, Laurásia. Essa movimentação deu-se devido a movimentação de placas tectônicas, fazendo com que esses continentes se fragmentassem e originassem os continentes que conhecemos hoje.

No Devoniano, começa o surgimento das árvores e bosques e, quanto aos animais, aparecem os peixes com pulmões e os primeiros anfíbios. No Carbonífero, há a formação do carvão e o aparecimento dos primeiros répteis. Foi nesse período que se deu a colisão da Gondwana e da Laurásia formando a Pangeia. E no último período dessa era, o Permiano, a circulação de água diminuiu na época da Pangeia, houve dificuldade de obter oxigênio na atmosfera, então animais e plantas tiveram dificuldades para sobreviver. Mas as espécies que sobreviveram a esse momento contribuíram para a formação dos futuros mamíferos.

A Era seguinte é a Mesozoica que é marcada pelo surgimento dos dinossauros. Nela, vamos falar de três períodos: Triássico, Jurássico e Cretáceo. No Triássico, aparecem as gimnospermas, o arenito, os mamíferos e os dinossauros. No Jurássico, houve aumento na diversidade da flora e foi nesse período que os dinossauros se aperfeiçoaram e tiveram seu auge. No último período dessa era, o Cretáceo, a condição climática modificou e aumentou a biodiversidade existente, entretanto, ocorreu a extinção dos dinossauros.

A última Era é a Cenozoica, que é composta por dois períodos: o Terciário e Quaternário. No Terciário, houve a diversificação dos mamíferos e os primeiros primatas, e se dá a expansão das angiospermas. No Quaternário, houve a glaciação afetando o nível dos oceanos. Na fauna, surgem moluscos, gastrópodes, elefantes e rinocerontes, e o evento mais marcante é o surgimento do homem. Foi a partir de antepassados das símios (macacos antropomorfos) que se deu aparecimentos dos hominídeos.

Link

Você pode ver o documentário *"Como a vida começou"* para entender com mais detalhes o surgimento da vida.

https://goo.gl/9eJwOP

Do homem primitivo ao homem atual

O *Australopithecus* foi encontrado no continente Africano há mais de 4 milhões de anos e a sua principal contribuição ao homem foi o fato de andar em duas pernas (o bipedismo). Em seguida, deu-se o surgimento do *homo habilis*, que não era muito alto, tinha aproximadamente um metro. Ele começou a usar, como pequenas ferramentas, artefatos ósseos e de pedra.

O *homo erectus* era um pouco mais alto e há hipóteses de que ele foi o primeiro a usar o fogo. Sua organização social era mais elaborada, e especula-se o seu deslocamento pela Ásia, Europa, Indonésia e Oceania. Na sequência, deu-se o surgimento do *homo sapiens neanderthalis*, que vivia na Europa.

Nele há um desenvolvimento do cérebro e já coletavam plantas, caçavam e conviviam em grupos.

Por fim, então, temos o *homo sapiens sapiens*, que tem fósseis encontrados há mais de 200 mil anos na África, Europa e Ásia. Podemos dizer que ele é bastante parecido com os homens atuais, tanto na parte física, como no desenvolvimento das atividades realizadas (Figura 1).

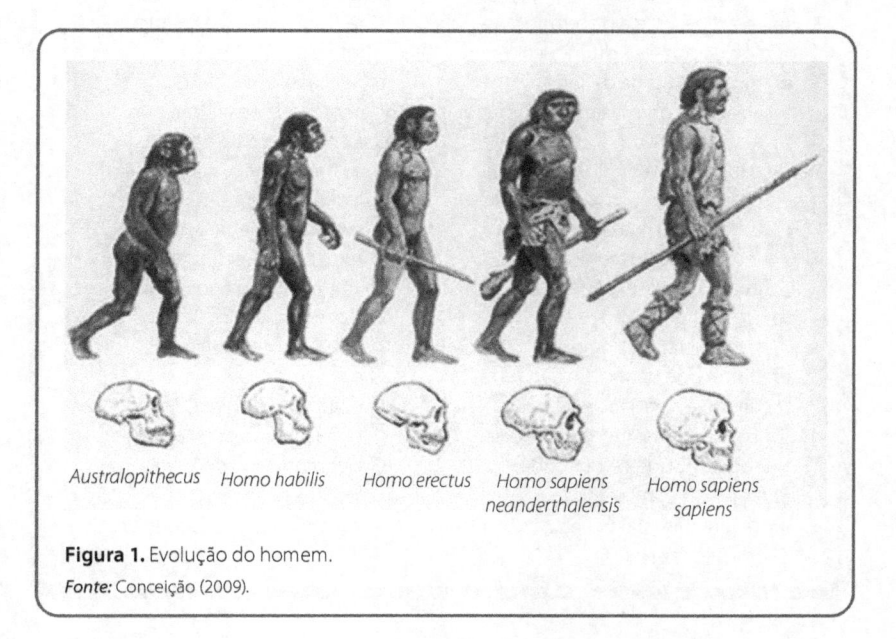

Australopithecus   Homo habilis   Homo erectus   Homo sapiens neanderthalensis   Homo sapiens sapiens

Figura 1. Evolução do homem.
Fonte: Conceição (2009).

 Exercícios

1. Sobre a explicação científica da evolução humana pode-se dizer que:

a) os artefatos arqueológicos dão pistas sobre os caminhos da evolução.

b) é uma ideia sem condições de serem verificadas.

c) os artefatos arqueológicos desconstroem a ideia de evolução social.

d) é uma ideia que encontra respaldo na mitologia grega.

e) os artefatos arqueológicos confirmam a proposta criacionista.

2. Em relação as eras geológicas e os seus períodos, assinale a alternativa correta.

a) Na Era Pré-Cambriana surgiu os primeiros dinossauros.

b) Na Era Paleozóica apareceu as primeiras formas de vida.

c) Na Era Mesozóica se deu a formação da Pangeia.

d) Na Era Cenozóica é que os homens surgiram.

e) Na Era Mesozóica é que se formou as rochas.

3. Em relação a escala de tempo geológico pode-se dizer que:

   a) trata-se de uma definição aleatória sobre o tempo humano.

   b) é referente a um parâmetro definido por pesquisadores da área.

   c) trata-se de uma definição fortuita sobre o tempo de evolução das espécies.

   d) é referente a um parâmetro mitológico.

   e) trata-se de uma definição sem um parâmetro específico.

4. Sobre os acontecimentos nas eras geológicas, pode-se dizer que:

   a) as placas continentais se juntaram para não mais se separar.

b) as primeiras formas de vida foram terrestres e depois aquáticas.

c) a atmosfera é a mesma desde o início.

d) as primeiras formas de vida foram as gminospermas.

e) o resfriamento da crosta terrestre é que permitiu a formação das rochas.

5. Em relação a evolução do homem, pode-se afirmar que:

   a) a contribuição do australopithecus ao homem foi o bipedismo.

   b) o homo sapiens sapiens tem fósseis encontrados por volta de 15mil anos atrás.

   c) a contribuição do homo habilis ao homem foi o bipedismo.

   d) o homo sapiens sapiens não tem fósseis encontrados ainda.

   e) a contribuição do homo sapiens neanderthalis é construção de ferramentas.

Referências

CONCEIÇÃO, M. N. da. *Os hominídeos*. 2009. Disponível em: <http://mikajojo.webnode.com.br/news/sobre-os-hominideos/>. Acesso em: 7 nov. 2017.

FUTUYMA, D. J. *Evolução, ciência e sociedade*. 2002. Disponível em: <https://www.sbg.org.br/sites/default/files/evolucao_ciencia_e_sociedade.pdf>. Acesso em: 7 nov. 2017.

NEVES, W. E no princípio... era o macaco! *Estudos Avançados*, v. 20, n. 58, 2006. Disponível em: <https://www.revistas.usp.br/eav/article/view/10193>. Acesso em: 7 nov. 2017.

OLIVEIRA, A. de. *Um resumo sobre a evolução das espécies*. 2014. Disponível em: <https://midiatividades.wordpress.com/2014/10/15/um-resumo-sobre-a-evolucao-das-especies/>. Acesso em: 7 nov. 2017.

PENA. R. A. *Eras geológicas*. [200-?)]. Disponível em: <http://escolakids.uol.com.br/eras-geologicas.htm>. Acesso em: 7 nov. 2017.

Leituras recomendadas

DOBZHANSKY, T. *Genetics and the origin of species*. Nova York: Columbia University Press, 1951.

KLEIN, R. G. *The human career:* human biological and cultural origins. Chicago: University of Chicago Press, 1999.

LEWIN, R. *Evolução humana*. São Paulo: Atheneu, 1999.

Antropologia visual: antropologia, comunicação, texto escrito e imagético

Objetivos de aprendizagem

Ao final deste texto, você deve apresentar os seguintes aprendizados:

- Construir o conceito de antropologia visual.
- Reconhecer a potência do texto e da imagem para antropologia.
- Compreender a pesquisa etnográfica por meio de produção de imagens.

Introdução

A antropologia visual se propõe a repensar o modo como apresentamos aqueles que estudamos, após realizarmos a pesquisa etnográfica. Logo, tendo maior quantidade de recursos audiovisuais, é possível pluralizar a forma de apresentar os dados ao expectador.

Neste capítulo, você estudará sobre o conceito de antropologia visual e conhece mais sobre as potencialidades de se trabalhar com escrita e imagem para apresentação do outro.

Conceito de antropologia visual

Quando vivemos por um tempo com outras pessoas ou desejamos conhecer mais sobre um grupo social, acompanhando um pouco do seu modo de vida, nos aproximamos do modo como os membros do grupo pensam, do que as pessoas fazem e daquilo que é importante para elas. Então, se vamos falar desse grupo para outras pessoas, temos de analisar como vamos fazer isso, tendo a preocupação de que seja um relato, uma descrição ou mesmo uma explicação sobre eles de maneira que o próprio grupo se sinta contemplado nessa narração.

Geralmente, no mundo acadêmico, esse produto envolve a escrita sistematizada por meio da descrição de dados etnográficos para elucidar o que viu, ouviu e vivenciou o pesquisador com seus interlocutores. O principal caminho de se fazer isso é por meio do trabalho escrito, entretanto, inúmeras disciplinas vêm questionando essa como uma única forma de falar sobre o **outro** e, assim, propõe-se a utilizar outros recursos nessa apresentação, como os recursos audiovisuais.

Então, o produto da pesquisa etnográfica, realizada por antropólogos ou não, pode ser questionado em diferentes âmbitos, seja em relação ao conteúdo, como também à forma de apresentá-lo. E é nesse sentido que, cada vez mais, os antropólogos pós-modernos estão dispostos a questionar a forma de apresentação desse material e proporem o uso do recurso audiovisual como estratégia explicativa do fenômeno social, pois, ainda que a escrita tenha um potencial explicativo como vamos ver, busca-se outras dimensões explicativas para o fenômeno social.

Questionando sobre essas possibilidades de falar sobre o outro a partir de uma ideia truísta em referência a observação de Margaret Mead de que não bastaria mais "falar sobre", mas teríamos que "mostrar o outro", o antropólogo Etienne Samain (1995, p. 25) faz uma reflexão mais aprofundada:

> Eis um primeiro e simples boletim de ocorrências que, pelo menos, deveria nos lembrar este truísmo: não existem homens, sociedades e culturas sem a existência de meios para se comunicar. São precisamente esses meios de comunicação humana que os constituem e os fazem viver, pensar, organizarem-se entre si. Há de se admirar, dessa maneira, que, ante a polivalência e as singularidades dos meios de comunicação de que dispomos para sustentar uma melhor aproximação e compreensão desses homens e dessas culturas, não existem, ao mesmo tempo, maior relativização e maior integração dos mesmos. Será que continuaremos, de um lado como do outro, a defender unilateralmente a hegemonia de um meio sobre o outro, quando ambos são complementares, embora sempre singulares?

Nesse sentido, a **antropologia visual** apresenta outros lados possíveis de se registrar e apresentar o mesmo fenômeno social. Com isso, questiona-se o uso dos recursos tradicionais baseado em uma escrita mais linear e orientada pelo olhar de quem observa, e busca-se a utilização de recursos tecnológicos disponíveis a fim de trazer a multiplicidade do olhar por meio de uma narração que considere diversos recursos de forma complementar.

Assim, aos poucos, a antropologia visual vai se constituindo com metodologias próprias e sensibilizando pesquisadores a trabalharem com os inúmeros recursos disponíveis. Não só para apresentar seus dados finais, mas também para pensar no fenômeno social por meio de imagens que produz sobre o grupo pesquisado. Desse modo, o conceito de antropologia visual perpassa alguns objetivos, como apresenta Ribeiro (2005, p. 632-633):

> [...] a utilização das tecnologias de som e da imagem na realização do trabalho de campo (qualquer que seja a situação em que esta faça parte da estratégia mais adequada de pesquisa); a construção de discurso ou narrativas visuais (o uso das tecnologias na apresentação dos resultados da pesquisa – nos museus, no ensino, na comunicação com o grande público – na estruturação da narrativa fílmica, ou de multimídia e hipermídia, e em sua realização) e o desenvolvimento de retóricas convincentes (de boas práticas), quer no meio acadêmico, quer para os públicos e para as funções a que se destinam os produtos resultantes; a análise dos produtos visuais [...] que permitam o conhecimento da sociedade e da cultura e o desenvolvimento da teoria em ciências sociais.

Saiba mais

Você pode ler mais sobre o assunto no artigo "Sobre o lugar e os usos das imagens na antropologia: notas críticas em tempos de audiovisualização do mundo", de Humberto Martins (2013).

O texto e a imagem na antropologia

Conforme proposto acima, vamos pensando não só na complementariedade dos recursos audiovisuais, como também nas próprias potencialidades da escrita. Assim, parece cabível experimentar e, talvez, poetizar a forma de apresentar o outro, a fim de trazer sentidos pouco expressivos em uma narrativa mais linear, tradicional e em terceira pessoa.

Retomando Clifford Geertz no livro *Trabalhos e Vidas: o antropólogo como autor*, o antropólogo Roberto Cardoso de Oliveira (2000) nos lembra que a escrita é um ato cognitivo que apresenta o estar lá a partir na narração de quem está aqui. Ou seja, esse processo de textualização, que acontece no gabinete posteriormente a experiência de ter estado em campo, também pode ser problematizado, tanto em seu conteúdo, como em sua forma, visando ampliar e provocar o potencial explicativo da mensagem em relação a esse outro.

Nesse sentido, o autor reforça que essa análise sobre as escritas possíveis seja uma contribuição do paradigma hermenêutico na pesquisa antropológica e apresenta o que ele considera um bom texto etnográfico:

> [...] o que está em jogo é a "intersubjetividade" – esta de caráter epistêmico – graças a qual se articulam num mesmo "horizonte teórico" os membros sua comunidade profissional. E o reconhecimento dessa intersubjetividade que torna o antropólogo moderno um cientista social menos ingênuo (OLIVEIRA, 2000, p. 31).

Assim, a escrita é pensada como um recurso estilístico que pode ser tencionada para mediar significados da cultura do outro e, por isso, é discutida em sua potencialidade ao trazer essas significações. Na tese da antropóloga Viviane Vedana (2008), foi criada uma estratégia para apresentar as propagandas dos feirantes durante o texto corrido, passando para o leitor a impressão de as sonoridades do local entoadas naquele ambiente, como vemos na Figura 1:

Vamos à três por dois vamos a três por dois!

BARATO O MORANGO NA PROMOÇÃO Ó!
Bem docinho é o abacaxi aqui ó!

É só um real o pacote da vagem,
VAGEM E CENOURA Ó! VAGEM, CENOURA E ABOBRINHA ITALIANA Ó!
Cenoura e vagem, e berinjela ó!

FALA FREGUESA, QUER FÍGADO, RABADA!

É a promoção do queijo agora,
Só não leva quem não tem dinheiro no bolso!

Um queijo um salaminho uma linguicinha!

Figura 1. Apresentação da propaganda dos feirantes em texto corrido.
Fonte: Vedana (2008).

Nesse sentido, a antropologia visual vai se constituindo em suas especificidades e conformando sua história dentro da disciplina de Antropologia. Assim, com o desenvolvimento da tecnologia e o surgimento da máquina fotográfica no século XIX, alguns antropólogos experimentaram o uso da fotografia como forma de registro dos grupos sociais que estudavam. O livro *Balinese Character*, de Gregory Bateson e Margaret Mead, inaugura a potencialidade dos estudos de *performance* e dos afazeres cotidianos dos balineses.

Primeiramente, esse olhar fotográfico parecia pouco planejado, sem um roteiro pré-estruturado, mas que se colocou em campo por meio da vivência da vida nativa e dos momentos compartilhados entre câmera, etnógrafo e os interlocutores. Cabia também conhecer o cotidiano do grupo, e, nesse sentido, a câmera era um elemento de descoberta que poderia registrar certas cenas, mas não todas, como explicita o próprio Bateson:

> No campo, nós éramos guiados, primeiramente, por algumas hipóteses principais. Por exemplo, é mais provável que as relações entre irmãos sejam mais gratificantes que técnicas agrícolas. [...] Nós registramos tão completamente quanto possível o que acontecia enquanto estávamos no pátio das casas, e é tão difícil prever o comportamento que raramente era possível selecionar posturas particulares ou gestos para o registro fotográfico. Em geral, nós achamos que qualquer tentativa para selecionar detalhes especiais era fatal, e os melhores resultados foram obtidos quando a fotografia era muito rápida e aleatória (BATESON apud FREIRE, 2006, p. 66-67).

Logo, a interação entre pesquisadores e interlocutores passa a se dar, também, por meio da câmera. Mas, depois que termina a pesquisa de campo, ainda há trabalho para os pesquisadores. No caso desse registro fotográfico, coube à projeção dos filmes, à análise das imagens, à revelação de algumas fotografias e à seleção do material para compor o produto final, que se tratava o livro. Segundo Samain (2000), foram 25.000 registros, e deles foram eleitas 759 fotografias para a obra final. Elas foram apresentadas em sequência junto às legendas e breves comentários (Figura 2).

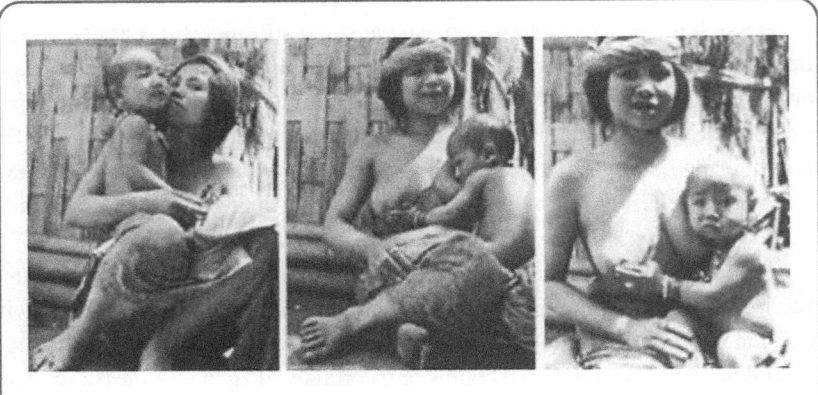

Figura 2. Mãe e o bebê balineses.
Fonte: Navis (2008).

Outros antropólogos clássicos também trabalharam com fotografias, como Bronislaw Malinowski e Pierre Verger. E aos poucos, a pesquisa com imagens vai ganhando forma, especificidades e se constituindo como aposta de análise. Juntar o olhar etnográfico e os recursos audiovisuais tem feito o leitor se deparar com a força da imagem visual, fazendo-o compreender o que está além das palavras.

 **Link**

O antropólogo Pierre Verger realizou um trabalho fotográfico de grande importância em cinco continentes ao se aproximar da cultura popular em cada um deles. Assim, nos seus últimos dias de vida teve a preocupação de iniciar uma fundação a fim de disponibilizar essas imagens. Você pode conhecer mais do seu trabalho em:

https://goo.gl/kgjFxj

Pesquisa etnográfica e produção das imagens

Tudo isso para entendermos que o pesquisador não vai lá colher os dados, mas ele também produz esses dados. E como falamos aqui de **antropologia**

visual, estamos dizendo que os pesquisadores constroem essa imagem a partir da interação com seus interlocutores.

Logo, o que é apresentado no produto final também reflete o esforço de quem pesquisa conhecer os recursos disponíveis, aprender a mexer nesses equipamentos, tratar as imagens, selecionar aquelas que proporcionam maior ganho de sentido para o que se quer dizer, pensar em como apresentar essas imagens, e até como dispor o conjunto delas para quem vai vê-las.

Então, o trabalho com imagens deixa mais explícito que o posicionamento do pesquisador é chave para o que se apresenta sobre o outro. Se ele está fora da comunidade, vai tirar uma foto de cima, de longe, somente do local, mas de quem está dentro da comunidade, ele consegue tirar fotos das pessoas conversando, dos detalhes das cerimônias periódicas, daqueles que cozinham e o que cozinham, das danças rituais dos grupos estudados, entre outras cenas do cotidiano.

Na discussão para a produção de dados, ainda podemos pensar sobre a questão de gênero, étnico-racial e sociocultural das quais parte o pesquisador (e seu corpo) no registro de imagens com o outro. De modo que quem pesquisa não é uma mosca na parede que retrata o que vê, mas, pelo contrário, o produto do que vemos no trabalho final também é marcado pelo modo como se deu a interação do pesquisador e seus interlocutores.

Algumas iniciativas estão indo além do pesquisar com a câmera na mão, e propondo que os próprios índios (e outros interlocutores) possam fazer as suas próprias imagens sobre si. E então, como o pesquisador pensa a si mesmo nesse processo? Todas essas questões são dimensões e possibilidades da antropologia visual.

Assim, pode-se realizar um balanço do conteúdo deste capítulo, e prospectar as potencialidades da área para o conhecimento do outro, tendo em vista que:

> Atualmente a antropologia visual vem contribuindo substancialmente com a disciplina antropológica não apenas como um material ilustrativo, mas tem sido tomada como um importante técnico complementar dentro das técnicas de coleta de dados, ou mesmo tem sido utilizada como a principal forma de captação de dados, tornando-se a base da metodologia aplicada. Por outro lado, ao valorizar o "olhar" do pesquisador e situá-lo sobre um suporte inspecionável a antropologia visual surge como um espaço privilegiado de reflexão sobre todo o fazer etnográfico, sendo hoje um dos principais polos de reflexão epistemológica da disciplina (RODOLPHO et al., 1995, p. 224).

 **Exercícios**

1. Sobre a especificidade do conceito de antropologia visual se pode dizer que:
   a) dedica-se a produção de imagens sobre o outro.
   b) realiza imagens escondidas de seus interlocutores.
   c) dedica-se a produção de verdades sobre o outro.
   d) realiza imagens de longe de seus interlocutores.
   e) dedica-se a produção de mentiras sobre o outro.

2. Quais as potencialidades do trabalho com antropologia visual?
   a) Ter certeza da imagem que se fará sobre o outro.
   b) Questionar-se sobre como fazer imagem sobre o outro.
   c) Ter certeza de como se posicionar em campo para o registro etnográfico.
   d) Questionar-se sobre o papel do antropólogo em campo.
   e) Ter certeza de como os recursos audiovisuais funcionaram em campo.

3. Como a escrita pode estar atribuída à antropologia visual?
   a) Apenas a sua forma pode ser pensar como potencialidade.
   b) Forma e conteúdo tem de ser manter tradicionais para narrar sobre o outro.
   c) Apenas seu conteúdo pode ser pensado como potencialidade.
   d) Forma e conteúdo da escrita podem ser reconfiguradas para narrar sobre o outro.
   e) Apenas a escrita linear pode constar em um trabalho acadêmico.

4. Para o registro fotográfico, o etnógrafo deve levar em consideração:
   a) apenas os recursos da câmera fotográfica utilizada.
   b) recursos da câmera, interação entres pesquisado e pesquisador e local do registro.
   c) apenas o posicionamento do pesquisador em campo.
   d) recursos da câmera e esconderijo do pesquisador em campo.
   e) apenas o posicionamento dos pesquisados em campo.

5. Na antropologia visual, os recursos audiovisuais podem ser:
   a) desconsiderado na apresentação do estudo do outro.
   b) utilizados, mas atrapalham a interação com o outro.
   c) complementares na apresentação do estudo do outro.
   d) aproveitados, mas somente em rituais e cerimônias do grupo pesquisado.
   e) incluído como anexo no trabalho final sobre o estudo do outro.

Referências

FREIRE, M. Gregory Bateson, Margaret Mead e o caráter balinês: notas sobre os procedimentos de observação fotográfica em Balinese Charater. *Revista Alceu,* v. 7, n. 13, jul./dez. 2006. Disponível em: <http://revistaalceu.com.puc-rio.br/media/alceu_n13_Freire.pdf>. Acesso em: 3 nov. 2017.

NAVIS. *A Fotografia como instrumento de trabalho de pesquisa e representação do outro.* 2008. Disponível em: <http://navis-ufrn.blogspot.com.br/search?q=bali>. Acesso em: 4 nov. 2017.

OLIVEIRA, R. C. de. *O trabalho do antropólogo.* 2. ed. Brasília: Paralelo 15; São Paulo: UNESP, 2000.

RIBEIRO, J. da S. Antropologia visual, práticas antigas e novas perspectivas de investigação. *Revista de Antropologia,* São Paulo, v. 48, n. 2, dez. 2005. Disponível em: <http://www.scielo.br/scielo.php?script=sci_arttext&pid=S0034-77012005000200007>. Acesso em: 3 nov. 2017.

RODOLPHO, A. et al. A experiência do núcleo de antropologia visual da UFRGS. *Horizontes Antropológicos,* Porto Alegre, v. 1, n. 2, jul./set. 1995. Disponível em: <https://www.ufrgs.br/ppgas/ha/pdf/n2/HA-v1n2a16.pdf>. Acesso em: 4 nov. 2017.

SAMAIN, E. Os riscos do texto e da imagem: em torno de Balinese character (1942), de Gregory Bateson e Margaret Mead. *Significação:* Revista de Cultura Audiovisual, São Paulo, n. 14, 2000.

SAMAIN, E. "Ver" e "dizer" na tradição etnográfica: Bronislaw Malinowski e a fotografia. *Horizontes Antropológicos,* Porto Alegre, v. 1, n. 2, jul./set. 1995. Disponível em: <https://www.ufrgs.br/ppgas/ha/pdf/n2/HA-v1n2a04.pdf>. Acesso em: 3 nov. 2017.

VEDANA, V. *No mercado tem tudo o que a boca come*: Estudo antropológico da duração das práticas cotidianas de mercado de rua no mundo urbano contemporâneo. Tese (Doutorado) - Programa de Pós-Graduação em Antropologia Social, Universidade Federal do Rio Grande do Sul, Porto Alegre, 2008. Disponível em: <https://www.lume.ufrgs.br/bitstream/handle/10183/13383/000642480.pdf?sequence=1>. Acesso em: 3 nov. 2017.

Leitura recomendada

MARTINS, H. Sobre o lugar e os usos das imagens na antropologia: notas críticas em tempos de audiovisualização do mundo. *Etnográfica*, Lisboa, v. 17, n. 2, jun. 2013. Disponível em: <http://www.scielo.mec.pt/scielo.php?script=sci_arttext&pid=S0873-65612013000200008>. Aceso em: 3 nov. 2017.

Antropologia da comunicação visual

Objetivos de aprendizagem

Ao final deste texto, você deve apresentar os seguintes aprendizados:

- Construir a proposta de narrativas imagéticas sobre o outro.
- Reconhecer o surgimento do filme etnográfico.
- Identificar a ideia de etnografia sonora.

Introdução

A **antropologia da comunicação visual** envolve as formas de narrativas imagéticas sobre o outro, de modo que essa produção é pensada em termos dos recursos audiovisuais disponíveis.

Neste capítulo, você vai ler sobre as origens do filme etnográfico e da etnografia sonora como meios para documentar e apresentar a relação do grupo pesquisado com a sociedade.

Narrativas imagéticas sobre o outro

Quem se propõe a narrar a história do outro tem que pensar de que maneira fará isso. Para além da descrição pela escrita, a narrativa fotográfica é uma opção na área da Antropologia. Essa alternativa tem algumas limitações, pois registrará apenas alguns momentos, e não teremos como captar, detalhadamente, som e movimento das pessoas ou do grupo social pesquisado.

Então, com o avanço da tecnologia e a popularização das câmeras videográficas a ideia de fazer um filme sobre **a história do outro** pode ser uma saída interessante não só para o pesquisador, como também para o grupo pesquisado e para o expectador, que não teria sempre a oportunidade de conhecer esse grupo se não fosse pelo registro realizado. Nesse sentido, essa linguagem audiovisual permite gerar um produto que pode ser mais acessível por meio de recursos tecnológicos disponíveis, consumido mais rapidamente e que pode ser mais inteligível do que um trabalho acadêmico escrito.

Ao mesmo tempo, o registro videográfico documenta o contato com o outro, proporcionando um vínculo diferente entre quem quer contar a história e quem vai registrá-la. Como diz Devos (2005, p. 6), "a situação de gravação se tornava uma forma de evento narrativo ao estabelecer a interação entre sujeito narrador e seus ouvintes", de modo que a proposição da produção do filme pode funcionar como uma estratégia de aproximação com o outro.

Então, cabe ao pesquisador realizar o registro em conjunto com os seus interlocutores, buscando histórias, locais e situações que façam sentido para o grupo pesquisado. Assim, por meio das imagens registradas, se traduzirá o que foi visto em campo, cabendo, posteriormente, a análise da gravação e a edição do material a fim de trazer uma narrativa fílmica que esse grupo se reconheça. Logo, a produção de narrativa por meio de imagens não é simples, mas, sim, demanda um trabalho bastante artesanal, que deve ser feito de modo cuidadoso, considerando a opinião de quem está sendo registrado.

O produto da narrativa imagética articula a relação do pesquisador com seus interlocutores juntamente com o domínio dos recursos audiovisuais escolhidos para esse registro, sendo que cada recurso conta com suas possibilidade e limitações tanto no registro como na configuração material final, como nos lembra as antropólogas Eckert e Rocha (2001, p. 4):

> A produção de documentos "etnográficos", com base na linguagem das tecnologias audiovisuais, sugere a necessidade de lembrarmos, aqui, o espaço estratégico que ocupa tal tradição narrativa na constituição da história a ser narrada pelo antropólogo, uma vez que ela é acompanhada de operações simbólicas específicas de compreensão e organização das ações humanas. Ou seja, explorar os seus recursos ilusionistas, simulando o tempo num *continuum* de instantes logicamente hierarquizados, quando, no entanto, sua feição é granular e fragmentária.

O desafio de lidar com o registro de imagens envolve pensarmos em uma narrativa imagética orientada pelos nossos argumentos teóricos, a partir da área de conhecimento que nos levou a realizar a pesquisa do outro. Essa preo-cupação também traz uma **pluralidade do discurso** envolvendo o outro, uma vez que, como pesquisadores, temos a possibilidade (e a responsabilidade) de evidenciar por meio da narrativa imagética algo diferente do que é conhecido, banalizado ou mesmo reproduzido como história única pelos meios de comunicação de massa. Trazer os outros lados diante de um conflito social a partir da produção de imagens faz com que esse próprio material seja evidenciado como luta política para resolução de uma vendeta.

Podemos compreender que registrar imagens de uma tribo indígena, a partir de um sobrevoo na aldeia, explicando sua história por meio de uma voz em *off*, produz ângulos, posicionamentos e contextos imagéticos completamente diferentes do que se essa mesma câmera estivesse entre os indígenas, ali na aldeia, e eles mesmos falassem de como percebem sua situação conflitual (Figura 1). Assim, o que se provoca a pensar é como produzir narrativas imagéticas sobre o outro?

Figura 1. Os diferentes pontos de vista: produtos da narrativa imagética que podem relacionar o pesquisador com os interlocutores.
Fonte: V Mostra... (2012).

Dessa forma, entende-se que:

A construção de uma obra etnográfica através dos recursos audiovisuais desafia, como no caso das etnografias mais convencionais, com base na tecnologia da escrita, o autor e o leitor a atingirem, assim, o plano da "intratemporalidade" na qual se tece o caráter documental da experiência/existência humana narrada. Atingir o grau de compreensão da "intratemporalidade" que tece o sentido das ações/vidas humanas significa para ambos, atingir operações cognitivas complexas a partir das quais a representação cronológica do tempo das vidas/escolhas humanas através de sucessão de "agoras abstratos" se rompe (ECKERT; ROCHA, 2001, p. 12).

 **Link**

Você pode ver o documentário "Uma história Severina", da antropóloga Debora Diniz. Você vai perceber que os posicionamentos da câmera, os destaques das falas e construção narrativa dão o tom da argumentação sobre o assunto.

https://goo.gl/8kACi5

Surgimento do filme etnográfico

Depois de pensar na produção de imagens como proposta narrativa sobre o outro, vamos conhecer como se deu o surgimento da câmera videográfica e os primeiros usos antropológicos desse recurso tecnológico. Nesse sentido, pode-se dizer que tanto a disciplina da Antropologia, como o uso da câmera, envolve um olhar mais sensível para com o outro, que pode ser problematizado nesse encontro.

Podemos dizer que o cineasta Robert Flaherty, ao produzir *Nanook, O esquimó*, em 1922, filmado no Canadá, buscou registrar a vida cotidiana dos esquimós diante dos desafios de viver em meio ao gelo (Figura 2). Ao mesmo tempo que são filmadas algumas dessas cenas, outras são construídas em parceria com o personagem principal e até mesmo ficcionalizadas, como quando entram várias pessoas em um barco pequeno, onde não caberia a quantidade de pessoas que a cena faz parecer entrar. Ali, a câmera não é mera expectadora, mas também participa das cenas em questão.

> Outro mérito desse filme reside no fato de o espectador ser levado a identificar-se com pessoas reais que pertencem a um contexto social definido e distinto. Flaherty acreditava que a história deveria emergir do material de campo. Ele, contudo, reconstrói esse mundo a partir de uma perspectiva que é, em alguns sentidos, fixa. Flaherty passou 12 meses filmando Nanook of the North interessado em traçar um perfil de uma cultura por meio das ações dos indivíduos que lhe dão corpo. (BARBOSA; CUNHA, 2006, p. 24-25).

Esse documentário aproxima o expectador do modo de vida dos esquimós, sendo um grande ganho epistemológico, pois não se trata de trazer autenticidade dos esquimós, mas uma verossimilhança desse homem "exótico" com quem está assistindo o documentário. Em muitos momentos, Nanook olha para a câmera e sorri, quase que estabelecendo esse contato visível com quem está atrás da câmera. Em outra cena, Flaherty apresenta a dificuldade de o personagem principal caçar uma foca, e traz isso com uma sequência de imagens que despertam a ansiedade do expectador.

Figura 2. Cena do filme *Nannok, o esquimó*.
Fonte: Nanook of the north ([200-?]).

Já o etnólogo francês Jean Rouch realiza o documentário *Os mestres loucos*, em 1955, que apresenta o ritual dos haouka na Costa do Ouro africana, por meio do qual se apropriam de signos da colonização durante a cerimônia.

Embora filmado de maneira quase naturalista, o ritual não é montado a partir dos mesmos pressupostos, o que exigiria longos planos-seqüência. Pelo contrário, articulam-se imagens que tremem, em choques de planos rápidos, buscando- se com isso recuperar para o espectador o ritmo da possessão pela qual passam seus protagonistas. As cenas são totalmente narradas por meio de uma voz-de-Deus especial, encarnada na voz do próprio Jean Rouch, o que termina por legitimar aquele discurso como um todo ao impor aos espectadores uma verdade narrativa e científica, fundada em uma continuidade retórica, o que, nos termos de Nichols, sugere como leitura fundamental para o espectador a de um conhecimento dado e, ao mesmo tempo, transpessoal (MENEZES, 2007, p. 86).

Assim, Rouch apresenta esse **outro** levando em consideração suas crenças, seus pensamentos e sua maneira de estar com outros membros da sociedade, de modo a explicar aos expectadores tanto pelas cenas que constrói, registra e monta, como através da narrativa falada durante o documentário. Assim, apesar da possessão e das cenas em que os interlocutores agem como loucos – para o olhar europeu/americano – há uma intenção de expressar a forma de convívio e a incorporação de acontecimentos decorrentes do próprio encontro com o colonizar que se evidencia no ritual.

Dessa forma, o próprio documentário se propõe a contar o antes e o depois do ritual, trazendo como aqueles trabalhadores que entram em possessão durante a cerimônia são normalmente em seu cotidiano de trabalho. Essa estratégia aproxima o expectador daqueles que estão sendo filmados, dessa forma, na sequência, apresentar a transfiguração desses homens, que passam a parecer assustadores durante a cerimônia. Ainda assim, o documentário tem um caráter construtivo, como avalia Menezes (2007, p. 86):

> É evidente a valoração positiva que a narração final tenta dar ao filme, e ao ritual, como um todo. Isso deixa claro que Jean Rouch interpreta de maneira positiva aquele ritual, associando a ele a poderosa função de integrar populações vindas das matas às agruras da vida socializada das cidades. Ao mesmo tempo, o tipo de sua narração, a utilização continuada da voz-de-Deus, aqui somada ainda à sua característica de voz-de-cientista, de voz-de-pesquisador, incorpora uma das características fundamentais desse tipo de narrativa, das quais a voz-de-Deus não consegue escapar mesmo que deseje, a saber, "descrever outras culturas dentro de nossa estrutura de moralidade segura" (NICHOLS, 1991, p. 35).

Após essa produção, Rouch realiza outros documentários e passa a ser conhecido como propulsor do cinema-verdade. Cada vez mais vai aperfeiçoando a técnica de realizar cenas que apresentam um compartilhamento entre interlocutores, cineasta e expectador. Altmann (2010, p. 234) aprofunda um pouco mais a explicação sobre o cinema-verdade:

> O que se privilegia aqui é "a verdade do cinema e não a verdade no cinema", explica o cineasta [Jean Rouch]. Em outras palavras, são dois os pontos a compor o método fílmico-etnográfico rouchiano, assim como sua ética. O primeiro é o que trata de fazer do objeto sujeito, ponto-chave da antropologia compartilhada. [...] O segundo ponto encontra-se no compromisso dessa antropologia compartilhada em mudar o foco de

uma suposta verdade ou de um conhecimento científico inquestionável para uma verdade fílmica, que compreende um sentido de provisoriedade, ou seja, da construção de uma verdade que se busca interpretar. A concepção de verdade, nesse sentido, está em sua possibilidade de construção a partir do que é filmado, do que é provocado pela câmera. Valoriza-se, portanto, a construção de uma verdade fílmica, e não seu estado bruto. Esse mesmo método serviria à etnografia.

Link

Você pode assistir o documentário "Os mestres loucos", de Jean Rouch, de 1955, e acompanhar a discussão do texto.

https://goo.gl/ankZVx

Etnografia sonora

O que se pode evidenciar na discussão sobre a narrativa imagética do outro, é em relação ao som, pois é possível registrar e pensar por meio do que se vê, como também por meio do que se ouve. E nesse sentido, muitas vezes, quando vemos um filme, naturalizamos a presença do som ali. Entretanto, em termos da prática etnográfica também, podemos problematizar e compreender como se dá a captação de **sons dos fenômenos sociais**. Em primeiro lugar, cabe sensibilizar o ouvido/escuta do pesquisador, e depois registrar o que se ouve, seja por meio da escrita ou mesmo da gravação em equipamento específico para som ou mesmo na câmera de vídeo.

Assim, pode-se interpretar as **sonoridades dos arranjos da vida social** e aprender mais sobre os fenômenos aos quais estamos interessados. Para a antropologia, essas sonoridades representam diálogo entre os habitantes das cidades e expressões da sua forma de viver, ou seja, a compreensão de que as sonoridades envolvem de atos de fala, as posturas e gestos e o tudo que desperta o contato do humano com o mundo. Assim, Rocha e Vedana (2008, p. 3) explicam a importância da etnografia sonora:

Cada um dos sons emitidos, fabricados, produzidos pelo encontro entre corpos e almas tornam-se, no interior de uma etnografia sonora, objeto de descrição para o antropólogo interessado nas formas como a existência social e coletiva se processa no interior das grandes metrópoles contemporâneas. Todos eles remetem à simbólica das posturas, das técnicas, dos rituais, etc., enfim, das formas do corpo coletivo se dar a ver, atribuindo, a partir de suas formas simbólicas, um sentido, um determinado cheiro e um certo sabor a determinados territórios e lugares da vida social nas grandes cidades.

Nesse sentido, dentro da antropologia visual é possível estabelecer uma linha de analise metodológica de como trabalhar na prática etnográfica com o som, e, assim, pensar os fenômenos pesquisados por meio da constituição dessa própria metodologia da etnografia sonora. Seja escrevendo sobre o som, ou mesmo gravando essas sonoridades urbanas, cabe pensar, mais uma vez, no uso dos **recursos audiovisuais** empregados na pesquisa dos fenômenos sociais, como reflete Barroso, Bexiga e Rocha (2010, p. 13):

Percebemos, assim, que para pensar e escrever sobre os dispositivos técnicos a serem adotados nessa captação, percorremos um espaço vivido, intimamente atrelado aos dispositivos cênicos e dramáticos. As aproximações e distanciamentos imaginados em termos do uso do microfone (por exemplo) estão associadas à nossa relação com o outro, que implica certos posicionamentos no desenrolar da vida social ligada àquele "cenário urbano". Em que lugares parecem mais expressivas as sonoridades do trânsito de carros contrastada com a de pedestres? Há uma esquina em que é possível ouvir melhor o burburinho do centro da cidade?

Logo, cabe prestar atenção no que o mundo em que habitamos expressa para que possamos, com os recursos tecnológicos disponíveis, reinterpretar os simbolismos presentes nos arranjos da vida social.

 **Exercícios**

1. Imagens narrativas na antropologia da comunicação visual são:
   a) imagens dispersas sobre o outro.
   b) apenas fotos de uma exposição etnográfica.
   c) imagens sobre o outro que estão em sequência narrativa.
   d) apenas filmes sobre o outro.
   e) são imagens sobre animais que estão em sequência narrativa.

2. Qual a contribuição para a antropologia visual do filme Nanook de Roberto Flaherty?
   a) O espectador é levado a se aproximar de Nanook, já que ele tem a mesma vida que todos.
   b) Nanook não sabe que está sendo filmado, revelando seus segredos.
   c) O espectador é levado a odiar Nanook por que as imagens o apresentam de longe.
   d) É que Nanook conta sua história com uma voz em *off*.
   e) O espectador é levado a se identificar com Nanook por conta das imagens apresentadas.

3. Qual a contribuição para a antropologia visual do documentário Os mestres loucos de Jean Rouch?
   a) As imagens são apresentadas de longe da tribo pesquisada.
   b) A grande contribuição é câmera parada.
   c) As imagens são apresentadas de forma naturalista e reais como propõe o cinema-verdade.
   d) A grande contribuição é o pesquisador aparecer na câmera.
   e) As imagens são inventadas pelos pesquisados para impressionar.

4. A etnografia sonora pode ser definida como uma:
   a) Maneira de interpretar as sonoridades dos arranjos da vida social.
   b) Metodologia somente da Comunicação Visual.
   c) Maneira de perceber os documentários de olhos fechados.
   d) Metodologia só da antropologia.
   e) Maneira de trabalhar somente com o som.

5. Qual a relação entre recursos tecnológicos e narrativas imagéticas?
   a) Somente a câmera de vídeo permite a produção de narrativas imagéticas.
   b) A aprendizagem da produção de narrativas imagéticas é só para cineastas.
   c) É a câmera fotográfica que permite maior relação com o outro.
   d) A aprendizagem dos recursos tecnológicos permite a produção de narrativas imagéticas.
   e) O trabalho com o som se dá apenas com o microfone uniderecional.

Referências

ALTMANN, E. O real imaginado: etnografia, cinema e surrealismo em Jean Rouch. *Mana*, Rio de Janeiro, v. 16, n. 1, apr. 2010. Disponível em: <http://www.scielo.br/scielo.php?script=sci_arttext&pid=S0104-93132010000100012>. Acesso em: 4 nov. 2017.

BARBOSA, C.; CUNHA, E. T. *Antropologia e imagem*. Rio de Janeiro: Jorge Zahar, 2006.

BARROSO, P.; BEXIGA, S. F.; ROCHA, A. L. C. da. Etnografia sonora na cidade: algumas contribuições metodológicas acerca do registro sonoro na pesquisa de campo. *Revista Iluminuras*, Porto Alegre, v. 11, n. 25, 2010. Disponível em: <http://seer.ufrgs.br/iluminuras/article/view/15529>. Acesso em: 4 nov. 2017.

DEVOS, R. Etnografia Visual e narrativa oral: da fabricação à descoberta da imagem. *Revista Iluminuras*, Porto Alegre, v. 6, n. 14, 2005. Disponível em: <http://seer.ufrgs.br/iluminuras/article/view/9225>. Acesso em: 4 nov. 2017.

ECKERT, C.; ROCHA, A. L. C. Imagem recolocada: pensar a imagem como instrumento de pesquisa e análise do pensamento coletivo. *Revista Iluminuras*, Porto Alegre, v. 2, n. 3, 2001. Disponível em: <http://seer.ufrgs.br/iluminuras/article/view/9119>. Acesso em: 4 nov. 2017.

MENEZES, P. Les Maîtres Fous, de Jean Rouch: questões epistemológicas da relação entre cinema documental e produção de conhecimento. *Revista Brasileira de Ciências Sociais*, São Paulo, v. 22, n. 63, fev. 2007. Disponível em: <http://www.scielo.br/scielo.php?pid=S0102-69092007000100007&script=sci_abstract&tlng=pt>. Acesso em: 4 nov. 2017.

NANOOK of the north ([200-?]). Disponível em: <https://br.pinterest.com/pin/164170348888911583/>. Acesso em: 4 nov. 2017.

V MOSTRA de filmes etnográfico homenageará Aurélio Michiles. *G1 Amazonas*. 2012. Disponível em: <http://g1.globo.com/am/amazonas/noticia/2011/10/v-mostra-do-filme-etnografico-homenageara-aurelio-michiles.html>. Acesso em: 4 nov. 2017.

ROCHA, A. L. C.; VEDANA, V. A representação imaginal, os dados sensíveis e os jogos da memória: os desafios do campo de uma etnografia sonora. *Revista Iluminuras*, Porto Alegre, v. 9, n. 20, 2008. Disponível em: <http://seer.ufrgs.br/iluminuras/article/view/9295>. Acesso em: 4 nov. 2017.

A história da formação social do Brasil: origens no período colonial

Objetivos de aprendizagem

Ao final deste texto, você deve apresentar os seguintes aprendizados:

- Reconhecer a importância dos principais fatos sociais, políticos e econômicos ocorridos no período colonial.
- Analisar, de forma crítica, os efeitos dos fatos sociais, políticos e econômicos, que ocorreram no período colonial, na formação da sociedade.
- Avaliar, de forma crítica, os processos e influências dos fatos internacionais na formação social, política e econômica no Brasil Colonial.

Introdução

Neste texto, você vai ler sobre a formação social, política e econômica do Brasil no período colonial. Vale destacar que, nesse período, ou seja, século XV e XVI, grandes transformações sociais, culturais, políticas e econômicas estavam acontecendo na Europa. Dentre elas, podemos destacar o renascimento cultural, a reforma protestante, o desenvolvimento científico, o absolutismo e a dinamização comercial dos centros urbanos, com a nova classe social em formação, a burguesia. Em meio a todos esses fatos, o Brasil se encontrava como uma colônia incipiente, esquecida pela coroa portuguesa nos seus 30 primeiros anos.

A importância dos principais fatos sociais, políticos e econômicos ocorridos no período colonial

Como o Brasil foi formado? Qual é a origem histórica do território em que habitamos? Quais eram as suas características durante o período colonial?

Quais elementos ainda estão presentes na cultura de nossa sociedade, na atualidade? São estes os questionamentos que vamos tentar responder ao longo desse texto.

Desde cedo, aprende-se na educação básica que o Brasil foi descoberto pelo português Pedro Álvares Cabral, em abril de 1500. Esse fato constitui um dos episódios da expansão marítima portuguesa iniciada nos princípios do século XV (FAUSTO, 2006). Nesse sentido, para compreender como ocorreu a chegada dos europeus no território brasileiro, é preciso levar em consideração as transformações ocorridas na Europa Ocidental, ao menos a partir do século XV.

Inicialmente, considere que a Europa, durante a chamada Idade Média, viveu um período em que a Igreja exercia grande influência sobre o imaginário da população das cidades. Não se questionava as ordens clericais. Opiniões contrárias às doutrinas cristãs não eram permitidas e quem ousasse fazer isso (e havia quem o fizesse) era, muitas vezes, julgado nos tribunais da Santa Inquisição e condenado à morte na fogueira. Porém, já no final da Idade Média, a Europa vivenciou uma série de crises econômicas e sociais, como, por exemplo, a Peste Negra, que colocaram à prova o papel da Igreja no que se refere às explicações quanto às calamidades e crises pelas quais estavam passando. Nessa direção, muitos intelectuais, pensadores, cientistas, navegadores resolveram romper com os valores religiosos e enfrentar o "desconhecido", ou seja, tudo aquilo que a Igreja os havia proibido de conhecer até então.

No contexto geral de crises econômicas, falta de terras cultiváveis, escassez de alimentos e, sobretudo, a crise demográfica ocasionada pela peste negra, o comércio consistiu-se em uma das únicas alternativas para a reconstrução econômica das cidades e da vida urbana em geral. Nesse sentido, pensar e desenvolver diferentes sistemas de navegações era algo imperativo. Contudo, alguns obstáculos deveriam ser superados. No comércio oriental, por exemplo, que era realizado através do Mar Mediterrâneo, encontrava-se um ponto de estrangulamento no monopólio exercido pelos italianos sobre a navegação nesse mar. Esse monopólio jogava nas alturas o preço das mercadorias orientais, que já eram encarecidas pelas dificuldades do transporte entre as Índias e Constantinopla, onde eram adquiridas pelos italianos. Além disso, esse comércio canalizava grande parte do ouro existente na Europa para o Oriente, gerando escassez de moedas e alta dos preços no "velho continente".

É válido destacar que as necessidades de encontrar caminhos alternativos para o Oriente não era uma necessidade apenas de Portugal, mas sim da Europa como um todo. Todavia, Portugal foi o Estado pioneiro nas navegações e seus primeiros objetivos (alcançados) consistiam em chegar às Índias através de rotas marítimas via Oceano Atlântico.

Boris Fausto (2006) explica que há uma série de fatores que permitiram o pioneirismo de Portugal. Portugal se firmava na Europa como um país autônomo, já possuía uma experiência acumulada no comércio de longa distância, empenhou-se no desenvolvimento de técnicas de navegações e possuía uma localização privilegiada. Além disso, possuía uma monarquia centralizada que aos poucos passou a estabelecer alianças com uma camada responsável por questões comerciais: a burguesia.

O grande objetivo dos portugueses era chegar à Índia por uma rota alternativa nunca antes navegada: o Oceano Atlântico. E foi por essas navegações que muitas ilhas foram sendo ocupadas e nelas realizaram experiências significativas de plantio em grande escala, **empregando trabalho escravo africano**. Nesse período, o tráfico de escravos, extremamente lucrativo para a América Portuguesa, foi intenso e causou diversos conflitos na África, alimentando guerras internas, abalo nas organizações sociais e causou a matança de milhões de africanos (Figura 1) (FAUSTO, 2006).

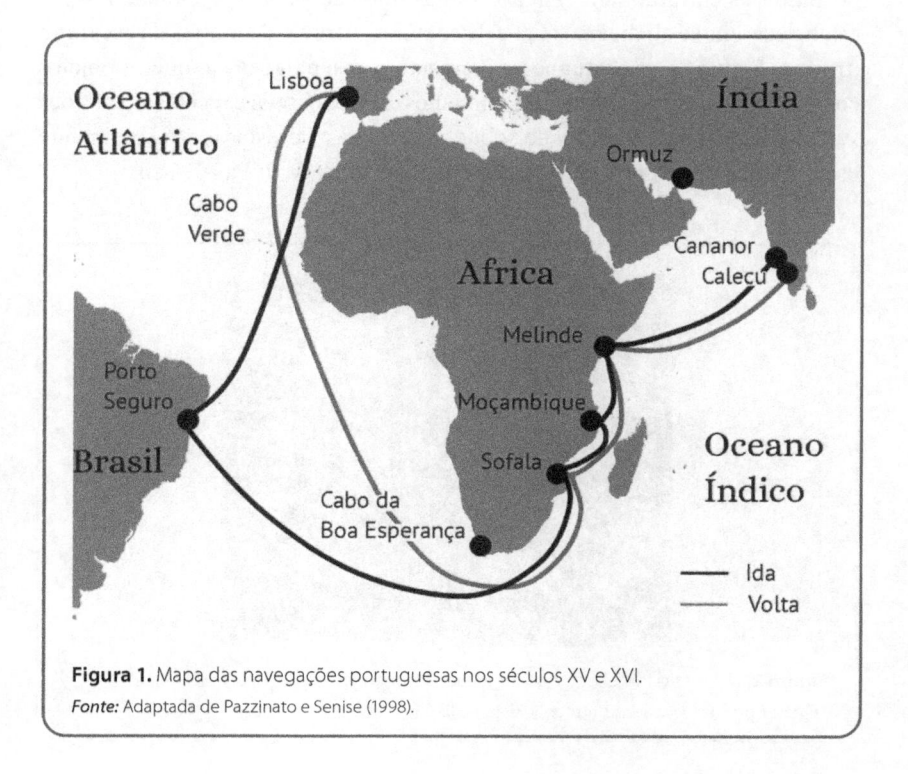

Figura 1. Mapa das navegações portuguesas nos séculos XV e XVI.
Fonte: Adaptada de Pazzinato e Senise (1998).

Desse modo, os portugueses seguiram a implantar-se na Ilha da Madeira, por volta de 1420, nas ilhas Cabo Verde, em 1460, e na de São Tomé, em 1471. Nessa última, implantaram um sistema de lavoura de cana-de-açúcar com muitas semelhanças àquela criada no Brasil. (FAUSTO, 2006).

E como ocorreu a chegada ao Brasil? Conforme aponta Boris Fausto (2006), não é possível saber se o nascimento do Brasil se deu por acaso, todavia, não há dúvidas de que foi cercado por grande pompa. A primeira nau de regresso (de Calecute, Índia) de Vasco da Gama chegou a Portugal, produzindo grande entusiasmo, em julho de 1499. Meses depois, em 9 de março de 1500, partia-se do Rio Tejo em Lisboa, uma frota de treze navios, a mais aparatosa que até então havia deixado o reino, aparentemente com destino às Índias, sob o comando de Pedro Álvares Cabral. A frota, após passar às Ilhas de Cabo Verde, tomou rumo oeste, afastando-se da costa africana até avistar o que seria a terra brasileira, em 21 de Abril.

É preciso tomar cuidado na utilização de termos como descobrimento ou nascimento do Brasil, pois isso pode pressupor que não existiam seres humanos antes da chegada dos portugueses. Pelo contrário, logo de início os portugueses entraram em contato com as populações locais, os indígenas, e estabeleceram-se ali diversos tipos de contatos. Através da prática do **escambo** (trocas) (Figura 2), os portugueses ofereceram aos indígenas inúmeros objetos como espelhos, correntes, pentes, alimentos, dentre outras, e recebiam em troca valiosas informações acerca da sobrevivência nas florestas e principalmente os caminhos para a primeira riqueza aqui encontrada: o Pau-Brasil.

Figura 2. O contato inicial entre portugueses e indígenas por meio do escambo.
Fonte: Le premier voyage de Christophe Colomb (2016).

Mary del Priore e Renato Venancio (2010) afirmam que, apesar das trocas pacíficas de presentes e alimentos, houve um distanciamento entre portugueses e indígenas. Os portugueses ignoravam a identidade dos povos indígenas, acusando-os de não ter religião ou de desconhecer a agricultura. Considera-vam que seu nível civilizatório era igual ou inferior ao dos nativos africanos, parecer que, em breve, justificaria a exploração e a catequese obrigatória de tribos inteiras.

Inicialmente, os portugueses não afetaram diretamente a vida dos indígenas e a autonomia do sistema tribal. Enfurnados em apenas três ou quatro feitorias dispersas ao longo do litoral, dependiam dos nativos, seus "aliados", para sua alimentação e proteção. O escambo (trocas) de produtos como pau-brasil, farinha, papagaios e escravos, por enxadas, facas, foices, espelhos e outras quinquilharias dava regularidade a entendimentos. (PRIORE; VENANCIO, 2010).

Porém, a partir de 1534, as relações entre os indígenas e portugueses começaram a sofrer diversas alterações. Em outros termos, havia chegado o fim do tempo em que os portugueses se mantiveram dependentes dos nativos, conforme citado anteriormente, para sua sobrevivência. O modo de vida eu-ropeu, com suas instituições sociais, seus valores morais e crenças religiosas entraram em vigor nas terras brasileiras.

Não por acaso, nesse exato momento, começaram a se multiplicar as quei-xas de portugueses em relação aos indígenas. Quais seriam essas queixas? Mary Del Priore e Renato Venancio (2010) destacam que os Tupinambás, no entender dos portugueses, usavam de **bestialidades muito estranhas**, como pedras ou ossos nos beiços, vivendo como animais. O fato de não possuírem fé, lei, ou rei, transformou-se pouco a pouco na justificava necessária para desprezá-los. Pior ainda, o canibalismo registrado primeiramente em 1502, por Américo Vespúcio, transformou muitos grupos tribais em símbolo por excelência da barbárie aos olhos europeus.

Ao substituir o escambo pela agricultura, os portugueses começaram a virar o jogo. O indígena passou a ser visto como o grande obstáculo para a ocupação da terra e a força de trabalho necessária para colonizá-la. Assim, submetê-los, julgá-los e escravizá-los tornaram-se grandes preocupações da época. Mas preocupação para quem? Primeiramente para os doze donatários das quinze capitanias distribuídas por D. João III, Rei de Portugal em 1534 (PRIORE; VENANCIO, 2010).

Desse modo, temos esboçados os primeiros fatos sociais, políticos e eco-nômicos na época da colonização do Brasil: o movimento das grandes nave-gações europeias, sendo Portugal a pioneira nesse quesito. A formação das

Ilhas lusitanas na costa do Oceano Atlântico, o desenvolvimento dos sistemas agrícolas e a utilização da mão de obra escrava (africana) cuja experiência foi vital para o futuro empreendimento português no Brasil. Observamos como foi o contato inicial com os indígenas e a exploração do pau-brasil (de propriedade da coroa portuguesa) e por último, as mudanças de cenário em que os portugueses passaram a fazer tentativas de incorporar os indígenas no processo de colonização mediante a catequização e o uso do trabalho compulsório.

Fique atento

Após a chegada dos portugueses em territórios brasileiros, logo outros estados europeus receberam a notícia sobre as terras do chamado Novo Mundo. Nessa direção, por exemplo, espanhóis disputaram o território com os portugueses por meio de expedições ou negociações diplomáticas, navegantes franceses também se tornaram uma presença constante no Brasil. Os franceses passaram a enviar expedições que, além do saque de riquezas americanas, acabaram por possibilitar o domínio de vastas áreas da América do Norte, além de tentativas frustradas no Brasil.

Fonte: Olivieri (2014).

Análise sobre os efeitos dos fatos sociais, políticos e econômicos ocorridos no período colonial

Quais foram os efeitos da colonização portuguesa para o Brasil? Como ocorreu esse processo de efetivação das terras do Novo Mundo? Quais os efeitos políticos e econômicos? Como afirmado anteriormente, a necessidade de defender e assegurar a posse do território somou-se a de obter lucros e riquezas que substituíssem o decadente comércio oriental. Essas são algumas das razões que explicam as mudanças na política portuguesa, ao decidir pela colonização efetiva do território brasileiro.

Desse modo, o Brasil foi dividido em quinze quinhões, por uma série de linhas paralelas ao equador que começavam no litoral e seguiam até o meridiano de Tordesilhas, sendo os quinhões entregues aos chamados **capitães--donatários**. Eles constituíam um grupo diversificado, composto por pessoas da pequena nobreza, burocratas e comerciantes, tendo como ponto em comum suas ligações com a Coroa. Estavam entre esses **donatários** o experiente navegador Martin Afonso, Duarte da Costa, Jorge Figueiredo Correia, Mem de Sá, Lucas Giraldes, Pero do Campo Tourinho e Fernão de Noronha (recebeu a Ilha de São João que hoje possui o seu nome) (FAUSTO, 2006).

Os donatários receberam uma doação da Coroa, pela qual tornavam-se possuidores, mas não proprietários das terras. Isso significava, dentre outras coisas, que eles não podiam vender ou dividir a capitania, cabendo apenas ao rei a prerrogativa de dividi-la ou até mesmo extingui-la. A posse, todavia, dava aos donatários extensos poderes tanto na esfera econômica (arrecadação de tributos) como na esfera administrativa. Boris Fausto (2006) comenta que a instalação de engenhos de açúcar e de moinhos de água, bem como o uso de depósitos de sal, dependia do pagamento de direitos. Parte dos tributos devidos à Coroa pela exploração do pau-brasil, de metais preciosos e de derivados da pesca cabia também aos capitães-donatários.

Caio Prado Junior (2012) aponta que, acerca das capitanias hereditárias, somas relativamente grandes foram mobilizadas em prol das empresas colonizadoras do Brasil. Os donatários, que em regra não dispunham de recursos próprios, levantaram fundos tanto em Portugal quanto na Holanda, tendo contribuído em boa parte os banqueiros judeus. A perspectiva principal estava na cana-de-açúcar. Tratava-se de um produto de grande valor na Europa.

A cultura da cana-de-açúcar se prestava, economicamente, a grandes plantações. Desse modo, a exploração agrária no Brasil se dá na grande propriedade, e na inserção do trabalho escravo (PRADO JUNIOR, 2012). Outro ponto que merece destaque é a doação das **sesmarias**, isto é, terras. A sesmaria foi conceituada no Brasil como uma extensão da terra virgem cuja propriedade era doada a um sesmeiro, com a obrigação de cultivá-la, no prazo de cinco anos, e de pagar tributos à Coroa. Houve, em toda Colônia, imensas sesmarias, com limites mal definidos, tal como a de Brás Cubas que abarcava parte dos atuais municípios de Santos, Cubatão e São Bernardo. As sesmarias estão na origem da formação dos vastos latifúndios (FAUSTO, 2006).

Com exceção das capitanias de São Vicente e Pernambuco, todas as outras fracassaram, em maior ou menor grau, devido à falta de recursos, desentendimentos internos, inexperiência e ataques indígenas. Não por acaso, as mais prósperas articularam a produção açucareira e um relacionamento menos agressivo com os indígenas (FAUSTO, 2006).

Outro modo de administração colonial foi o estabelecimento do **Governo Geral** no Brasil. Essa decisão tomada por D. João III ocorreu em um momento de enfraquecimento das relações comerciais com as Índias. Assim, foi enviado ao Brasil o fidalgo Tomé de Sousa, em 1549, que chegou à Bahia acompanhado de mais de mil pessoas. O objetivo era reorganizar as rendas da Coroa e garantir a posse das terras. Para isso, foram criados cargos públicos importantes como: de ouvidor (questões de justiça), capitão-mor (vigilância da costa) e provedor--mor (controle das arrecadações). Junto com o governador-geral vieram os primeiros jesuítas, como Manuel da Nóbrega e cinco companheiros, com o intuito de catequizar e disciplinar os indígenas. Junto a essa missão, criou-se o bispado de São Salvador, caminhando assim ao estreitamento entre Estado e Igreja (FAUSTO, 2006).

Dessa forma, passado as três primeiras décadas, cujos esforços foram direcionados a garantir a posse das terras, a colonização passou a tomar forma. O Brasil tornou-se uma colônia cuja finalidade era fornecer ao comércio europeu gêneros alimentícios ou minérios de grande importância.

Nessa direção, um esclarecimento é importante: entre os séculos XVI e XVII os ciclos econômicos pautaram-se especialmente pela exploração da cana-de-açúcar e a produção do açúcar. No século XVIII, ocorreu uma mudança no cenário econômico do Brasil colônia.

Conforme Caio Prado Junior (2012), no século XVIII, foram descobertas as primeiras minas e jazidas auríferas. A mineração do ouro ocupou, por três quartos de século, o centro das atenções e preocupações de Portugal, e a maior parte do cenário da colônia. Desde o início, essa atividade foi submetida a uma minuciosa e rigorosa disciplina. Ficou estabelecida a livre exploração, embora submetida a uma intensa fiscalização, e a coroa reservava-se ao direito de tributo, a quinta parte de todo ouro extraído. Assim, depois das descobertas feitas em Minas Gerais, a antiga lei é substituída pelo Regimento dos superintendentes, guardas-mores, oficiais e deputados para as minas de ouro, datado de 1702.

Vale explicitar um aspecto relevante para a formação da sociedade brasileira: o cultural. Conforme aponta Mary Del Priore e Renato Venancio (2010), foi graças à instalação de conventos de jesuítas, franciscanos, carmelitas e beneditinos, que brotou o primeiro embrião da vida cultural no mundo colonial. Isto porque, com as ordens religiosas, chegaram os primeiros livros, capazes de instruir e de ensinar a rezar. Manuais de confissão, livros de novenas e orações, breviários relatando a vida dos santos e catecismos tinham por objetivo ajudar a catequizar e pacificar as almas. Apesar da forte presença da literatura sacra, já quando das primeiras visitas do Santo Ofício da Inquisição às partes do Brasil, apareciam denúncias de outras leituras. De leituras proibidas no Brasil, pois Estado e Igreja sempre tomaram livros e saberes como fonte de inquietação e pecado, censurando-os e perseguindo quem os lesse. Nessa direção, vale destacar o seguinte fragmento textual:

Um exemplo? Em 1593, vários moradores da Bahia foram acusados de ler o romance A Diana, de Jorge de Montemayor, um clássico profano do Renascimento europeu. Seu tema: um picante caso de amor. Entre seus leitores achou-se uma mulher, dona Paula de Siqueira, que muito "folgava" com o tal livro! Certo Nuno Fernandes possuía as Metamorfoses, de Ovídio, enquanto seu conterrâneo, Bartolomeu Fragoso, para escapar ao controle da censura, preferia rasgar as páginas, depois de lidas, do seu exemplar do temido A Diana. Apesar de encontrarem-se no distante sertão, em São Paulo também havia alguns leitores de obras como os Mistérios da Paixão de Cristo, sermões e até mesmo Os Lusíadas, de Camões (PRIORE, VENANCIO, 2010, p. 74).

As literaturas contidas nos romances elencados na citação anterior também se ocuparam de outras temáticas como: a descrição da produção do açúcar, das paisagens brasileiras, das formas de organizações urbanas, da vida cotidiana na colônia. Destaque-se que a literatura religiosa foi muito profunda nesse período, sendo que os jesuítas, que viviam no Brasil, também produziram importantes obras em língua latim (PRIORE, VENANCIO, 2010).

A vida cultural também trouxe uma vitalidade à arquitetura em diversas regiões do Brasil. O barroco mineiro (século XVIII) alternou fachadas sóbrias com interiores altamente trabalhados. A concorrência entre confrarias e ir- mandades religiosas pela decoração de suas igrejas traduziu-se em resultados exuberantes (PRIORE, VENANCIO, 2010). Especialistas na história da arqui- tetura brasileira no período colonial afirmam que a improvisação quanto aos cânones europeus eram facilmente adaptáveis no litoral. Na falta de azulejo ou outros materiais de luxo, artesãos brancos, negros e mulatos alforriados respondiam com inovações. O uso de pedra-sabão teve, em Antônio Francisco Lisboa, o Aleijadinho, seu maior exemplo.

Ao longo do processo de formação da sociedade brasileira, no período co- lonial, é possível perceber fortemente a influência dos portugueses. Foram eles os responsáveis pelo desenvolvimento e implantação dos sistemas de trabalho, da agricultura, da religião cristã, da escravidão, de uma vida cultural pautada em livros de literatura e também o desenvolvimento de uma arquitetura em sintonia com os movimentos artísticos europeus, que foi o caso do barroco.

Saiba mais

No que consistia exatamente o Engenho?
Em outras coisas mais, além das gigantescas rodas, movidas a água ou a tração animal, com que são representados nas gravuras dos viajantes. A preocupação com a técnica, por exemplo, era fundamental. A fase agrícola não exigia maiores investimentos pela excelência das terras nordestinas – o massapé –, evitando-se até o uso de arado e adubos. Uma vez plantada, a cana do tipo crioula é colhida após um ano e meio. A colheita se fazia rudimentarmente, com facão e foice. Respeitava-se, todavia, segundo conta o bandeirante João Peixoto Viegas, as "luas próprias". A força da moenda determinava a produtividade na extração do caldo. Para fazê-la girar, água, bois e cavalos alternavam-se na preferência dos senhores de engenho. Herdadas dos mouros, as rodas d'água chegaram ao Brasil pelas mãos de habilidosos artesãos. Sempre na vertical, tinha o diâmetro de aproximadamente sete metros. Acoplada ao mesmo eixo da roda d'água havia uma outra roda menor, dentada, chamada rodete, que transmitia o movimento a uma roda maior, esta horizontal e com o mesmo diâmetro da roda d'água, que se chamava bolandeira. O eixo da bolandeira, revestido de um cilindro dentado e reforçado com aros de ferro, transmitia o movimento a dois outros cilindros paralelos, também dentados e reforçados. Era entre eles que se passava a cana.

O cozimento do caldo extraído na moenda era realizado em tachos de cobre pousados sobre um fogo de lenha. O calor no interior das casas de caldeira era vulcânico. Por isso, escolhiam-se, para esta tarefa, escravos fortes e robustos: eram os caldeireiros e tacheiros. A cota diária dos primeiros era de processar três caldeiras e meia de caldos; a dos últimos, a quantidade necessária para preencher, ao fim da jornada de trabalho, era de quatro a cinco formas de melado. Muito valorizado era o mestre de açúcar, cujo mister era "dar ponto às meladuras".

Fonte: Priore e Venancio (2010).

Avaliação crítica sobre os processos e influências dos fatos internacionais na formação social, política e econômica do Brasil Colonial

A formação social do Brasil foi profundamente marcada pelos fatos discutidos anteriormente. Nesse tópico, serão apresentados alguns modelos de organização social e política de Portugal e de quais formas eles exerceram influência nos modos de vida e cotidiano do Brasil Colônia.

Celso Tracco (2014) comenta que a monarquia absolutista portuguesa tinha bem definida suas classes sociais, isto é, a nobreza, o clero e povo (burgueses, trabalhadores, dentre outros). No Brasil, além disso, tivemos outros elementos determinantes para a formação da sociedade: a escravidão (africana e indígena), a presença de trabalhadores livres e independentes.

Desde o início da colonização, a sociedade brasileira foi elitizada, sejam com donatários, funcionários da corte ou com os agraciados pelas sesmarias, e essa elite brasileira foi formada com o objetivo de exercer exploração da terra mediante o trabalho servil. Nesse período, não se havia uma identidade que caracterizasse o povo brasileiro, mas sim classes. Para alguém crescer, era necessário estabelecer diversos tipos de relações e contatos, como, por exemplo, ser 'amigo do rei'. Assim, aos amigos do rei, tudo poderia ser facilitado, enquanto para outros, as coisas poderiam ser negadas ou dificultadas. (TRACCO, 2014). É interessante perceber que o surgimento das elites (coloniais) no Brasil, bem como as facilitações aqui apontadas, são processos que já existiam em Portugal. A própria escravidão africana não é um fato ocorrido exclusivamente no Brasil.

Outro elemento que deve ser mencionado é a questão da religião no Brasil colônia. O catolicismo era a religião oficial na península Ibérica. No caso específico de Portugal, a religião era um ponto indispensável no processo da colonização. Mary Del Priore e Renato Venancio (2010) comentam que a religião era uma forma de identidade, de inserção em um grupo social, em uma irmandade ou no mundo. A colonização das almas indígenas não se deu apenas porque o nativo era uma potencial força de trabalho a ser explorada, mas também porque não tinha noção nenhuma sobre o seu Criador, ou das coisas do Céu. Segundo os autores, isso foi fundamental para revestir de missão à presença dos homens da Igreja na América portuguesa.

Entendemos aqui a religião católica como um fato internacional que exerceu grande influência nos modos de vida e sociabilidade das pessoas no Brasil colônia. É só percebermos que o catolicismo, embora não seja religião oficial de nosso país, é a vertente religiosa com maior número de adeptos na atualidade. Ocorre que a religião católica imposta pela Companhia de Jesus acabou por reduzir (ou até mesmo anular) a cultura dos grupos indígenas, e mais tarde buscou impedir que os escravos africanos desenvolvessem suas próprias religiosidades.

É relevante trazer em tela algumas contribuições de um dos grandes antropólogos brasileiros: Roberto da Matta. Em um de seus livros clássicos *O que faz do Brasil, Brasil?* (1986), o autor faz um destaque interessante de que o chamado "triângulo racial" nos impede de ter uma visão histórica e social da nossa formação como sociedade brasileira. O que isso realmente quer dizer?

Segundo Roberto da Matta (1986), quando acreditamos que o Brasil foi feito de negros, brancos e índios, nós estamos aceitando sem muita crítica a ideia de que esses contingentes humanos se encontraram de modo espontâneo, em uma espécie de carnaval social e biológico. Mas nada disso, segundo o autor, é verdade. O fato contundente é que o Brasil é composto por portugueses brancos e aristocráticos, uma sociedade hierarquizada e que foi formada dentro de um quadro rígido de valores discriminatórios. Os portugueses já tinham uma legislação discriminatória contra os judeus, mouros e negros, muito antes de terem chegado ao Brasil; e quando aqui chegaram, apenas ampliaram essas formas de preconceito.

A mistura das raças foi um modo de esconder a profunda injustiça social contra negros, índios e mulatos, pois, situando no plano biológico, uma questão, profundamente social, econômica e política, deixava de lado a problemática mais básica da sociedade. Conforme Roberto da Matta (1986), é mais fácil dizer que o Brasil foi formado por um triângulo racial, do que assumir a ideia de que somos uma sociedade hierarquizada, que opera por meio de gradações e que, por tais motivos, pode admitir, entre o branco superior e negro pobre, uma série de critérios de classificação.

Por fim, vale a pena acompanhar uma citação do autor:

> Assim, podemos situar as pessoas pela cor da pele ou pelo dinheiro. Pelo poder que detêm ou pela feiura de seus rostos. Pelos seus pais e nome de família, ou por sua conta bancária. As possibilidades são ilimitadas, e isso apenas nos diz de um sistema com enorme e até agora inabalável confiança no credo segundo o qual, dentro dele, "cada um sabe muito bem o seu lugar" (MATTA, 1986, p. 39).

Procuramos aqui evidenciar uma série de aspectos que estão diretamente ligados à formação da sociedade brasileira. Há muito mais que se conhecer a respeito da História do Brasil e aqui discutimos que a organização e a hierarquização, típica portuguesa, procuraram desenvolver-se, de igual modo, no Brasil colônia. A religião católica foi imposta na colônia ao passo que degradou a cultura dos indígenas nativos, bem como criou-se a ideia de um "triângulo racial" a fim de se esconder ou minimizar as discussões sobre injustiças ou discriminações. Assim, temos em mãos alguns dos principais aspectos que influenciaram o desenvolvimento da história da formação social do Brasil.

 **Link**

Leia o artigo da professora Ana Palmiro Casimiro (2007), intitulado "Igreja, Educação e Escravidão no Brasil Colonial".

A autora elaborou uma reflexão sobre algumas peculiaridades das ideias pedagógicas dominantes – e da literatura a elas pertinente como catecismos, cartilhas e manuais escolares –, reveladoras da mentalidade, da cultura e, sobretudo, de modalidades de educação escolar ministradas no período colonial, nas terras do Brasil. Os catecismos destinavam-se ao propósito evangelizador de ensinamentos cristãos. As cartilhas e manuais escolares destinavam-se aos ensinamentos e à aprendizagem das primeiras letras, da aritmética e, acima de tudo, da religião católica. Para acessar este artigo utilize o link abaixo:

https://goo.gl/kxfdBy

 **Exercícios**

1. A chegada dos lusitanos ao Brasil, em 1500, partiu de uma necessidade da coroa portuguesa de garantir sua hegemonia no Atlântico, evitando, assim, que outras nações, como a Espanha, invadissem sua colônia. Para tanto, foi firmado o tratado de Tordesilhas (1494) entre os dois Estados, dividindo os mares ente Portugal e Espanha. Até 1530, o Brasil foi relegado à mera extração do pau-brasil e de algumas visitas esporádicas da coroa nessas terras. Contudo, a partir de 1530, Portugal se viu obrigada a intensificar sua colônia na América. A diversidade religiosa está inclusa no currículo escolar, sendo obrigatória a sua abordagem em todas as escolas.

Nesse sentido, um dos motivos que levaram a colonização Portuguesa a se intensificar no Brasil, a partir de 1530, foi:

a) O fim das cruzadas, que deixaram livres as rotas comerciais na Europa, permitindo que outras nações tivessem acesso ao oriente próximo.

b) A necessidade da coroa portuguesa em dominar não só a Europa, mas também a América recém-descoberta.

c) A necessidade de Portugal em mostrar às ações vizinhas que era um Estado forte e capaz de encontrar novas fontes de riqueza.

d) A necessidade dos colonos nativos do Brasil em estabelecer comércio com qualquer país da Europa.

e) A necessidade de Portugal proteger seu território das invasões holandesas no Brasil.

2. As capitanias hereditárias foram instituídas no Brasil no ano de 1534, por D. João III, rei de Portugal. Esse sistema permitiu dividir as terras brasileiras, em 15 lotes, entre os nobres de Portugal que aqui chegaram. Com base nisso, marque a alternativa que apresenta o motivo que levou D. João III, o colonizador, a implantar o sistema de capitanias no Brasil.

a) Este era o modelo mais moderno da época adotado na Europa.

b) Esta era a forma mais democrática que a coroa portuguesa encontrou para atender aos pedidos dos nobres que queriam realizar empreendimentos.

c) A falta de recursos financeiros da coroa para investir na colonização, repassando essa responsabilidade à pequena nobreza portuguesa.

d) A necessidade da coroa portuguesa de doutrinar os índios no Brasil.

e) A necessidade de criar condições melhores de vida aos nativos no Brasil.

3. Devido à dificuldade de colonização, em 1530, D. João III resolveu implantar o modelo já existente à época em outras colônias. A esse modelo, deu-se o nome de capitanias hereditárias. Contudo, o nome dado àqueles que receberam essas terras no Brasil pela coroa portuguesa foi:

a) Posseiro.

b) Governador.

c) Empreendedor.

d) Colonizador.

e) Donatário.

4. O Brasil ficou por trinta anos "esquecido" pela coroa portuguesa. Com o fim das cruzadas na Europa e com a abertura das rotas comerciais, Portugal se viu reavivar sua colônia na América. Para tanto, D. João III dividiu o Brasil em 15 lotes de terras, chamadas capitanias hereditárias. Assim, após receberem as terras (capitanias), os donos das terras tinham obrigações para com o Rei de Portugal e com a província. Logo, tinham várias funções a cumprirem na colônia, dentre elas:

a) Criar as vilas; arrecadar e pagar impostos para o rei de Portugal.

b) Evangelizar e catequizar os índios no Brasil.

c) Expandir as fronteiras portuguesas para o oeste brasileiro.

d) Industrializar os produtos encontrados nas reservas brasileiras e repassá-los a Portugal.

e) Ganhar a confiança da coroa portuguesa e, assim, obter mais poder na colônia.

5. Desde 1534, Portugal adotou o sistema de capitanias no Brasil. Esse sistema durou pouco tempo devido a vários fatores internos e externos. Logo, sobre o fracasso do sistema de capitanias no Brasil, pode-se afirmar que a causa está relacionada a:

a) Falta de interesse das famílias que acompanharam os donatários em permanecer no Brasil.

b) Brigas entre os demais donatários que queriam as terras de seus vizinhos.

c) Abertura das rotas comerciais na Europa que acabou por despertar os interesses dos nobres portugueses que se encontravam no Brasil.

d) Falta de investimentos para a colonização, associada à falta de competência administrativa e de comunicação entre colônia e coroa.

e) Disputas entre os donatários e os sesmeiros pela posse de terras no Brasil.

Referências

CASIMIRO, A. P. Igreja, educação e escravidão no Brasil colônia. *Politeia: Hist. e Soc.*, Vitória da Conquista, v. 7, n. 1, 2007.

FAUSTO, B. *História do Brasil*. 12. ed. São Paulo: EDUSP, 2006.

LE PREMIER *voyage de Christophe Colomb*. 2016. Disponível em: <http://img.lelivrescolaire.fr/histoire-5e-2016/le-monde-au-xvie-siecle/le-premier-voyage-de-christophe--colomb/800.h5.6.enq.colomb-et-indigenes..jpg> Acesso em: 1 out. 2017.

MATTA, R. da. *O que faz do Brasil, Brasil?* Rio de Janeiro: Rocco, 1986.

OLIVIERI, A. C. *Pau-brasil*: extrativismo foi a primeira atividade econômica da colônia. 2014. Disponível em: <https://educacao.uol.com.br/disciplinas/historia-brasil/pau--brasil-extrativismo-foi-a-primeira-atividade-economica-da-colonia.htm>. Acesso em: 1 ou. 2017.

PAZZINATO, A. L.; SENISE, M. H. V. *Historia moderna e contemporânea*. São Paulo. Ática, 1998.

PRADO JUNIOR, C. *História econômica do Brasil*. 43. ed. São Paulo: Brasiliense, 2012.

PRIORE, M. del; VENANCIO, R. *Uma breve história do Brasil*. São Paulo: Planeta, 2010.

TRACCO, C. L. A formação da sociedade brasileira: aspectos econômicos, políticos e religiosos (séc. XVI-XX). *Espaço Teológico*, São Paulo, v. 8, n.13, jan./jun., 2014.

Leituras recomendadas

FREYRE, G. *Casa grande & senzala*. São Paulo: Global, 2006.

HOLANDA, S. B. de. *Raízes do Brasil*. São Paulo: Companhia das Letras, 2015.

A cultura africana

Objetivos de aprendizagem

Ao final deste texto, você deve apresentar os seguintes aprendizados:

- Definir o conceito antropológico de cultura africana.
- Descrever as manifestações culturais afro-brasileiras.
- Analisar os problemas referentes à africanidade brasileira.

Introdução

Este capítulo está voltado para o estudo da cultura africana presente na sociedade brasileira, visto que somos resultado de práticas carregadas de significados que compõe nossa herança cultural. A cultura africana está alinhada ao cotidiano brasileiro no quadro de uma longa herança cultural construída por inúmeras gerações de afro-brasileiros desde o período colonial até o tempo presente. Os africanos foram compulsoriamente conduzidos ao Brasil no processo de diáspora negra que transformou seres humanos, de diversas etnias e culturas, em escravos na América Portuguesa. Em contexto adverso e de brutal exploração, os afro-brasileiros gestaram uma cultura particular de matriz africana que está na base estrutural da cultura popular do Brasil. Toda cultura, no sentido antropológico, carrega um universo de práticas sociais e individuais, assim a cultura africana refere-se à totalidade de práticas religiosas, musicais, hábitos e saberes desenvolvidos por afrodescendentes ao longo da história brasileira.

Cultura africana: conceito antropológico

É importante definir o conceito de cultura para que possamos percorrer as raízes africanas que estão presente na formação do povo brasileiro. A **cultura**, em essência, representa uma espécie de lente na qual olhamos o mundo e que nos condiciona a valores e práticas que compartilhamos com o grupo social no qual convivemos (LARAIA, 2008). O conceito de cultura de que nos reportamos é o de sentido antropológico. A cultura africana, nessa perspectiva, corresponde, em poucas palavras, à totalidade de práticas carregadas de significado, desenvolvidas por grupos sociais africanos e afrodescendentes – em unidade na diversidade –que inclui conhecimentos, crenças, arte, moral, leis, costumes, ou seja, hábitos adquiridos e presentes nos homens (e em cada indivíduo) como integrantes de uma sociedade (MUNANGA, 2009).

Efetivamente, somos resultado de práticas carregadas de significados que compõe nossa herança cultural. A cultura africana está alinhada ao cotidiano brasileiro no quadro de uma longa herança cultural construída por inúmeras gerações de afro-brasileiros, desde o período colonial até o tempo presente. Os africanos foram compulsoriamente conduzidos ao Brasil no processo de diáspora negra que transformou seres humanos, de diversas etnias e culturas, em escravos na América Portuguesa. Em contexto adverso e de brutal exploração, os afro-brasileiros gestaram uma cultura particular de matriz africana que está na base estrutural da cultura popular do Brasil. Então, para trilhar nossa caminhada no percurso da cultura africana brasileira, vamos desdobrar três estradas que se bifurcam em um conjunto orgânico e coerente de práticas que compreendem o fazer religioso, musical e os próprios costumes e saberes impregnados na forma de ser do povo brasileiro, que amarra laços fortes com o continente africano.

As influências culturais africanas na cultura brasileira

Religiosidade afro-brasileira

As práticas religiosas africanas já estão incorporadas aos ritos de fé no Brasil desde o período colonial. No século XVII, já há informações de manifestação de cultos africanos. Os atos religiosos iam além do mero ritual sagrado, congregando em si, também, práticas de curas do corpo enfermo e de adivinhação. Os rituais religiosos de matriz africana não eram restritos aos negros escravizados, havia inclusive brancos que congregavam na mesma fé. A diversidade étnica dos negros diasporizados e a presença imperativa do catolicismo ibérico tornaram o sincretismo religioso em um ato estratégico a fim de garantir a identidade africana. A mistura das tradições religiosas africanas, indígenas e católicas possibilitou a emergência da umbanda, culto nativo de religiosidade híbrida. Contudo, na esfera exclusiva da afro-brasilidade, o inovador corresponde ao ato de reunião de todos os orixás, no mesmo templo, fomentado pelo candomblé, que configura, de fato, a expressão religiosa dos negros brasileiros. A religiosidade afro-brasileira, desde o início, foi configurada na margem da sociedade, sendo objeto de perseguição por parte da burocracia pública, no passado, e de indiferença, no presente. A crescente europeização do país, a partir do século XIX, procurou sustentar que os brasileiros são ocidentais e cristãos. Como resultado imediato, há, ao longo da história do Brasil, uma constante expropriação da tradição cultural africana e baixa tolerância aos cultos e demandas religiosas.

O candomblé possibilitou a reunião de negros escravizados de diversas etnias africanas, de línguas e culturas diferentes, em uma mesma matriz religiosa. Diferentes deuses celebrados no mesmo espaço religando povos africanos distintos a partir da fabricação de religiosidade afro-brasileira. A centralidade das práticas religiosas do candomblé no século XIX estava no nordeste brasileiro, na cidade de Salvador, Bahia. A estrutura religiosa transcendida à figura dos líderes dos cultos correspondia, verdadeiramente, à presença de uma comunidade religiosa ampla e de atividade complexa. Havia os indivíduos que presidiam os terreiros propriamente, mas também grupos de iniciados que conviviam em camadas hierárquicas na organização do terreiro. Havia os auxiliares mais próximos dos sacerdotes como, por exemplo, o líder dos tocadores de atabaques e os responsáveis pelo ritual de sacrifício de animais. Além disso, podemos apontar um conjunto de adivinhos e curandeiros que atendiam em casa, deslocados dos terreiros de candomblé.

A constante perseguição religiosa, no século XIX, e a persistência do candomblé como identidade negra – até os dias de hoje – demonstram-nos que as práticas religiosas de matriz africana estão alicerçadas na identidade brasileira. Ao contrário do catolicismo que adveio do topo da hierarquia ibérica para a América Latina, o candomblé nasce como criação popular de extensão africana. Realmente, o que caracteriza a cultura afro-brasileira é o popular, a **africanidade** que está no povo. Há uma independência surpreendente dos negros na formação das teias de significados culturais que escapa ao poder do Estado. A perseguição aos cultos afro-brasileiros, no século XIX, traduz o desconforto das autoridades diante da resistência religiosa dos negros posta a partir dos terreiros. As palavras do historiador João José Reis são esclarecedoras:

Em 1828, um juiz de paz prendeu mulheres, tanto africanas quanto pretas brasileiras, dançando para deuses africanos em Salvador, na freguesia de Brotas. Aquilo representava outro passo largo na formação do candomblé baiano: a incorporação ritual dos negros nascidos do lado de cá do Atlântico. Considerando sua reação, o juiz que invadiu o terreiro se defrontara com algo novo. Em longos e coléricos relatórios ao presidente da província, ele argumentou que a mistura de crioulas (negras brasileiras) e africanas para celebrar deuses d'além-mar era a ruptura de uma norma comportamental perigosa para a ordem pública; a seu ver, negras nascidas no Brasil deviam ser exclusivamente católicas (REIS, 2009, p. 46).

O candomblé, além de ligar o continente africano à América e, de mesma forma, africanos aos afro-brasileiros, também produzia uma mistura geral: étnica, racial e social. No culto religioso, celebravam africanos de diversas etnias, negros nascidos no Brasil e brancos de diversas camadas sociais. No entanto, para as elites do país, a expressão religiosa afro-brasileira foi percebida como anticristã e tradicionalmente ainda está na margem da religiosidade dominante. Os afro-brasileiros, por meio de esforço contínuo, provocaram espaços importantes nos terreiros de candomblé para tecer teias culturais de formação de identidade própria. Aos poucos, os negros escravizados foram adquirindo consciência de grupo e produzindo influência sobre a sociedade brasileira. O catolicismo de inclinação popular tem importante influência africana, na forma festeira e na carregada intimidade, em que o povo expressa sua fé. Segundo o antropólogo Gilberto Freyre (2004, p. 367): "[...] no catolicismo em que se deliciam nossos sentidos [...], em tudo que é expressão sincera da vida, trazemos quase todos a marca da influência negra". Toda a brutalidade exercida pelo sistema escravocrata contra os africanos e afro-brasileiros não conseguiu subtrair a humanidade dos corpos explorados. Assim, em esforço inaudito de **autoreconstrução** de si, os negros construíram uma cultura própria religando crenças na criação de religiosidade comum. O catolicismo popular e o candomblé carregam, até os dias de hoje, traços das práticas religiosas d'além-mar, da África e da africanidade que se produziu no Brasil (Figura 1).

Figura 1. Traços da africanidade no Brasil: candomblé é uma das mais importantes práticas religiosas.
Fonte: Brasil (2013).

A musicalidade negra no Brasil

Os laços culturais brasileiros estão impregnados de africanidade. A musicalidade popular que ecoa nos centros urbanos é de inclinação negra. O samba é o que sintetiza a preferência nacional. Há, também, uma rica musicalidade nordestina com danças específicas de matriz africana. O forró, o xaxado, baião e maracatu são exemplos importantes do hibridismo cultural com forte *swing* afro-brasileiro. Ao contrário da posição periférica da religiosidade afro-brasileira, a expressão musical brasileira tem no centro as batidas e a voz da modernidade africana. A massa de negros deslocados do campo para as favelas das cidades brasileiras teve que criar um modo de conviver, diante das adversidades de uma vida social miserável, com outros negros que já conheciam a vida urbana e, assim, produziram criatividade singular e musicalidade de acordo com o ritmo modernizante das cidades industrializadas. Como afirma Darcy Ribeiro (2003, p. 222): "uma cultura feita de retalhos do que o africano guardara no peito nos longos anos de escravidão, como sentimentos musicais, ritmos, sabores e religiosidade". A capacidade de adaptação diante da brutal adversidade social e a de formar hibridismos culturais fazem dos afro-brasileiros, sem dúvida, o componente mais criativo e hegemônico da cultura popular brasileira.

O **maracatu** é um bom exemplo de expressão de africanidade na cultura popular brasileira. Ele envolve um conjunto de práticas culturais de matriz afro-brasileira (Figura 2). Nele há, ao mesmo tempo, constituição de identidade e afirmação religiosa no ato de diversão coletiva. Os maracatus são práticas culturais que já eram exercidas por escravos africanos, e, ainda hoje, presenciamos grupos de maracatus no carnaval de Recife. Demonstração popular independente das forças de agenciamento de mercado da indústria cultural, o maracatu, além dos elementos africanos, congrega a brasilidade nordestina. Trata-se de fazer e refazer os laços culturais entre o Brasil e a África, integrados, exclusivamente, por negros que, no carnaval pernambucano, se organizam em torno de uma pequena orquestra de percussão, tambores e chocalhos a fim de percorrerem as ruas, cantando, dançando sem uma coreografia especial. Algo muito semelhante aos séquitos de negros que no passado acompanhavam os reis congos, eleitos por escravos, para coroação nas igrejas em homenagem a Nossa Senhora do Rosário (CASCUDO, 2000). Nos anos de 1990, houve um revigoramento com o Movimento Mangue Beat, centrado na figura de Chico Science e sua Banda Nação Zumbi, que inseriram o maracatu como expressão moderna carregada de elementos eletrônicos do Rock contemporâneo (LIMA, 2009).

Figura 2. O baque solto está associado a forte musicalidade da região canavieira, em Pernambuco, entremeado pelo improviso e a rica coreografia dos arreiamás, caboclos e baianas. *Fonte:* Brasil (2014a).

Há também a **capoeira**, onde, além de canção negra e de presença da percussão singular do berimbau, presenciamos movimentos que se assemelham a uma dança de combate, em que os corpos, no jogo, correspondem, efetivamente, a uma arte marcial. Ela é uma expressão afro-brasileira, carregada de musicalidade e jinga do corpo, que ainda permanece nas margens da indústria cultural (Figura 3). Trata-se de expressão popular não massificada. Está ligada à tradição que mobiliza laços identitários com a África. A capoeira na memória oral dos mestres tem origem na senzala, entre escravos ou por negros quilombolas. Contudo, há na África uma dança semelhante que marca a entrada das meninas na vida adulta, **a dança da zebra**, em que jovens galanteadores procuram nos movimentos corpóreos atingir o adversário com o pé no rosto. Tudo no campo da sonoridade das palmas e na dança, que imita o coice de uma zebra. Dessa forma, faz sentido buscar as raízes da capoeira na região do atual Congo e Angola. Há inúmeros relatos de cronistas acerca dos exércitos congolês e angolano, com seus guerreiros aperfeiçoados na luta corporal, experientes no jogo de corpo que confundia os adversários (ASSUNÇÃO; MANSA, 2009).

Figura 3. A capoeira depende da manutenção da cadeia de transmissão dos mestres para sua continuidade como manifestação cultural.
Fonte: Brasil (2014b).

O **samba** é a expressão cultural afro-brasileira mais representativa da identidade nacional. Nas primeiras décadas do século XX, o samba foi recebido pelas elites brancas do país de forma muito negativa. Era visto como imoral, o rebolado dos corpos e a sensualidade exposta abalaram uma sociedade republicana conservadora e moralista que desejava se ocidentalizar, eliminando toda e qualquer presença de africanidade no país. Porém, a crescente urbanização e a República de Vargas quebraram a dicotomia: dança europeia na Casa-Grande e samba africano no terreiro. Na construção do Brasil industrial e moderno, o samba da capital (na época, Rio de Janeiro) passou a representar a canção popular brasileira a partir da Rádio Nacional o que contribuiu para inserir na identidade nacional o elemento negro e, ao mesmo, criar a ideia de "democracia racial". O samba está associado à dança de roda. O primeiro samba, no Brasil, registrado pela indústria fonográfica, foi gravado em 1916 por Ernesto Sousa (Donga) com o título da canção, "Pelo Telefone" (CASCUDO, 2000). De todas as expressões populares de referência afro-brasileira, o samba corresponde aos maiores investimentos da indústria cultural e dos poderes públicos, visto que sintetiza a identidade do Brasil contemporâneo (Figura 4).

Figura 4. As matrizes referenciais do samba no Rio de Janeiro distinguem-se de outros subgêneros de samba criados posteriormente e guardam relação direta com os padrões de sociabilidade.
Fonte: Brasil (2014c).

Os saberes e costumes africanos

Fruto da diáspora negra, o Brasil, ao longo da história de sua formação, carrega uma população africana de volume superior aos de brancos europeus. Assim, não há como negligenciar a africanidade que percorre todo o corpo social. As palavras dengo, cafuné, farofa, neném, quitanda, moleque e samba, por exemplo, tão presentes na linguagem cotidiana dos brasileiros, são de origem africana, da região onde hoje encontramos Congo e Angola. Não é tudo. Essas palavras traduzem práticas e sentimentos culturais carregados de significados e afetividades. São palavras que, segundo Gilberto Freyre (2004, p. 417): "[...] correspondem melhor do que as portuguesas à nossa experiência, ao nosso paladar, aos nossos sentidos, às nossas emoções". Do tronco linguístico banto, são palavras que substituíram as de mesmo valor existentes na língua portuguesa. A presença de vocábulos africanos, na língua portuguesa falada no Brasil, é importante para mensurarmos o impacto da cultura africana sobre nós e, também, compreender como a África civilizou o Brasil com a inserção de práticas afetivas, saberes e sabores novos. Como, por exemplo, conhecimentos técnicos, agrícolas e de mineração, além de valores sociais, costumes cotidianos e toda uma culinária que marca nossos pratos principais e favoritos (LIMA, 2009).

Saiba mais

O **banto** é conjunto de populações da África, ao sul do equador, que falam línguas da mesma família, mas pertencem a tipos étnicos muito diversos.

A essência da estruturação do imaginário de um povo podemos, certamente, creditar à cultura. No caso brasileiro, a cultura do país está impregnada de africanidade. No olhar dos brasileiros afrodescendentes e nas suas mentalidades, todos os legados da cultura africana estão postos como patrimônio material e imaterial da própria cultura nacional (MUNANGA, 2009). Dessa forma, ser brasileiro é **compartilhar** com os povos africanos práticas e significados em comum. O africano e, por extensão, o afro-brasileiro, desde o nascimento do Brasil, infiltraram-se, compulsoriamente, na intimidade dos donos do poder, dos brancos europeus e da própria sociedade. Em cada lar, há, direta ou indiretamente, a presença do negro. Como resultado, há, na intimidade de cada brasileiro, traços culturais africanos. É o que explica a preponderância da cultura negra sobre a indígena em nossa tradição oral, como também a interferência negra na própria cultura portuguesa, transformando a linguagem e a religiosidade católica (FERNANDES, 2007).

Entretanto, o lugar dos afro-brasileiros na estratificação social do país é o mais baixo. A hegemonia do poder está localizada em uma elite branca. Diante das dificuldades, segundo Darcy Ribeiro (2003, p. 223): "[...] o negro aproveita cada oportunidade que lhe é dada para expressar o seu valor". Assim, insere-se com sucesso estrondoso nas atividades que não se exige escolaridade, como no futebol e na canção popular, em que os negros são os mais representativos do Brasil. Apesar da presença evidente do negro na cultura do país, a ideologia do branqueamento, que atravessou o século XX e ainda persiste no tempo presente, torna as práticas culturais nacionais vazias de africanidade. A África apresenta-se como um continente muito distante de nós, quando na realidade estamos impregnados por ela em nossas práticas culturais cotidianas.

De fato, houve, e ainda há, uma crescente expropriação da africanidade de cada brasileiro. A auto-identificação, por parte da maioria dos negros brasileiros, com a figura do "homem pardo", nas pesquisas do IBGE, revela o esvaziamento da negritude provocada pela política de branqueamento aplicada no Brasil. Como resultado imediato, **os saberes e costumes** de matriz africana aparecem descolados do valor simbólico e político da própria negritude que poderia atuar como força motriz para as lutas sociais de emancipação, a fim de desconstruir a fantasia de democracia racial para, de fato, criar uma política real de democracia para a igualdade racial.

A questão central no processo de transformações de seres humanos em coisas está, sem dúvida, na eliminação da memória e, consequentemente, na anulação das práticas culturais. Assim, todo o esforço de dominação das elites brancas centrou-se na eliminação da História e da cultura africana, pois a África deveria desaparecer para os cativos e, posteriormente, para o negro livre. Não é à toa que, em Benin, todos os cativos, antes de embarcarem nos navios, para a diáspora negra, eram obrigados a dar inúmeras voltas em torno da chamada "árvore do esquecimento", a fim de se desprender de sua memória e cultura para sempre. Efetivamente, a resistência fundamental dos afro-brasileiros está, como no passado, posto no limite da memória e da cultura originária, para afrontar o poder simbólico da árvore do esquecimento.

Quando conferimos a importância da cultura africana para a constituição do Brasil, é possível perceber um evidente paradoxo, por um lado, a cultura afrodescendente está na intimidade de todos nós, mantém-se em nossos corpos e está nas nossas práticas cotidianas e, por outro, há uma espécie de silêncio inquietante que procura negligenciar a África que há em cada cidadão brasileiro, principalmente naqueles corpos de baixa cidadania: os negros brasileiros. Sem dúvida, é resultado de um racismo também muito silencioso, que subtrai a história e a cultura africana do corpo de cada um de nós. Somos resultado de séculos de escravidão, de coisificação dos negros, a fim de produção de riqueza para o Brasil. O fim do sistema escravocrata não resultou em "democracia racial", ele foi substituído por uma república que resolveu esquecer a África e a escravidão, sem desenvolver políticas objetivas de integração dos negros como cidadãos brasileiros.

No entanto, há sinais importantes no país de reparação e de constituição de cidadania para os afro-brasileiros, no quadro da redemocratização na chamada Nova República. Ela começou muito bem com uma nova constitui-ção, em 1988, que refuta a discriminação de toda a ordem, inclusive racial. Constituição promulgada, exatamente, no centenário da abolição da escravidão, ano de contínuos debates sobre a questão negra no país. Nesse mesmo ano, são reconhecidos os direitos territoriais dos remanescentes das comunidades quilombolas, garantindo, assim, a titulação definitiva sobre a terra. No ano seguinte, o racismo passa a ser crime inafiançável no Brasil. Dando seguimento, em 1995, o Estado brasileiro instituiu o 20 de novembro, que marca a morte de Zumbi dos Palmares, como o "Dia da Consciência Negra". Em 2003, o ensino de história e cultura africana e afro-brasileira passou a ser obrigatório com a Lei 10.639. Além da Lei das Cotas Raciais, em 2012, que passou a assegurar, nas universidades públicas, a entrada de negros por competitividade justa. De fato, do Centenário da Abolição para os dias de hoje, avanços significativos foram realizados, mas os esforços devem persistir para que, no futuro, o Brasil possa ter realmente uma Democracia Racial.

Exercícios

1. Ruth Benedict escreveu em seu livro, *O crisântemo e a espada*, que a cultura é como uma lente através da qual o homem vê o mundo. Homens de culturas diferentes usam lentes diversas e, portanto, têm visões desencontradas das coisas. Fonte: Roque de Barros (Cultura: um conceito antropológico) De acordo com as palavras de Benedict, referentes ao conceito de cultura, é correto afirmar que:

a) O conceito de cultura apresentado neste texto é o que corresponde à erudição.

b) A cultura é a lente que faz o olhar humano ser, no mundo, da mesma forma.

c) O conceito de Ruth Benedict está deslocado do sentido antropológico.

d) A cultura confere singularidade e diferença à constituição das sociedades.

e) Os homens de mesma cultura têm visões desencontradas das coisas.

2. O candomblé possibilitou a reunião de negros escravizados de diversas etnias africanas, de línguas e culturas diferentes, em uma mesma matriz religiosa. Diferentes deuses celebrados no mesmo espaço, religando povos africanos distintos, a partir da fabricação de uma religiosidade nova: a afro-brasileira. De acordo com o enunciado acima, é correto afirmar que:

a) Os cultos afro-brasileiros são representativos da inclusão negra na cidadania.

b) O candomblé configura-se como a religação das religiosidades africanas.

c) Deuses diferentes, articulados em comum, dificultaram a aceitação do candomblé.

d) O candomblé é hoje a principal religião brasileira segundo os dados oficiais.

e) A religiosidade afro-brasileira é uma transposição inalterada do culto africano.

3. Segundo Darcy Ribeiro: "Juntos com os valores espirituais, os negros retêm, no mais recôndito de si, tanto reminiscências ritmas e musicais, como saberes e gostos culinários" (O Povo Brasileiro: a formação e o sentido do Brasil). Sendo assim, é correto afirmar que:

a) O Brasil é miscigenado, ou seja, o hibridismo sobrepõe a africanidade.

b) A musicalidade está descolada do continente africano e colada aos europeus.

c) A formação do Brasil tem, na África, uma referência reconhecida pelas elites.

d) Os saberes africanos tiveram pouca importância na formação do Brasil.

e) A africanidade percorre todas as instâncias do fazer cultural brasileiro.

4. O trabalho doméstico ainda é no Brasil uma atividade importante. Certamente, o trabalho doméstico revela resíduo de longa duração da presença do sistema escravocrata. Nesse sistema, os escravos eram os pés e as mãos do senhor. Assim, a partir da leitura crítica dessa realidade cotidiana, é correto afirmar que:

a) Os brasileiros convivem, na intimidade familiar, em democracia racial.

b) A desigualdade racial ainda se faz presente na intimidade do Brasil.

c) A cultura negra está em harmonia na intimidade dos lares brasileiros.

d) As representações indicam que houve imenso avanço de cidadania no Brasil.

e) A culinária afro-brasileira domina à preferência das elites bancas.

5. O distanciamento radical entre o Brasil e a África ocorreu não só por causa do fim do tráfico de escravos, em 1850, e à interrupção do fluxo de entrada de africanos, mas também devido à adoção, por parte da elite política e intelectual brasileira, das ideias evolucionistas e racistas então predominantes na Europa. Fonte: Marina de Melo e Souza, *A Descoberta da África* In: FIGUEIREDO, Luciano (Org.). Raízes Africanas. Conforme as ideias de Melo e Souza, referente ao distanciamento brasileiro do continente africano, é correto afirmar que:

a) As ideias evolucionistas contribuíram para a criação da democracia racial.

b) A África foi distanciada a partir da abolição da escravidão brasileira.

c) A adoção do projeto racista europeu jogou a africanidade para a margem.

d) O Brasil republicano mantém uma excelente política de integração com a África.

e) A elite política republicana iniciou uma política de reparação aos negros.

Referências

ASSUNÇÃO, M. R.; MANSA, M. C. A Dança da zebra. In: FIGUEIREDO, L. (Org.). *Raízes africanas*. Rio de Janeiro: Sabin, 2009.

BRASIL. Instituto do Patrimônio Histórico e Artístico Nacional. *Maracatu de Baque Solto*. 2014a. Disponível em: <http://portal.iphan.gov.br/galeria/detalhes/133?eFototeca=1>. Acesso em: 24 out. 2017.

BRASIL. Instituto do Patrimônio Histórico e Artístico Nacional. *Matrizes do samba no Rio de Janeiro:* partido alto, samba de terreiro e samba-enredo. 2014c. Disponível em: <http://portal.iphan.gov.br/pagina/detalhes/64>. Acesso em: 24 out. 2017.

BRASIL. Instituto do Patrimônio Histórico e Artístico Nacional. *Roda de capoeira*. 2014b. Disponível em: <http://portal.iphan.gov.br/pagina/detalhes/66>. Acesso em: 24 out. 2017.

BRASIL. Instituto do Patrimônio Histórico e Artístico Nacional. *Tombamento do Teatro Castro Alves e registro do Terreiro de Candomblé Ilê Axé Oxumaré*. 2013. Disponível em: <https://www.flickr.com/photos/iphanbrasil/11087201663/in/album-72157638143864163/>. Acesso em: 24 out. 2017.

CASCUDO, L. da C. *Dicionário do folclore brasileiro*. São Paulo: Global, 2000.

FERNANDES, F. *O Negro no mundo dos brancos*. São Paulo: Global, 2007.

FREYRE, G. *Casa-grande & senzala*. São Paulo: Global, 2004.

LARAIA, R. de B. *Cultura:* um conceito antropológico. Rio de Janeiro: Zahar, 2008.

LIMA, I. M. de F. Tradição mutante. In: FIGUEIREDO, L. (Org.). *Raízes africanas*. Rio de Janeiro: Sabin, 2009.

MUNANGA, K. *Origens africanas do Brasil contemporâneo*. São Paulo: Global, 2009.

REIS, J. J. Bahia de todos os santos. In: FIGUEIREDO, L. (Org.). *Raízes africanas*. Rio de Janeiro: Sabin, 2009.

RIBEIRO, D. *O Povo brasileiro*: a formação e o sentido do Brasil. São Paulo: Companhia das Letras, 2003.

Leituras recomendadas

FIGUEIREDO, L. (Org.). *Raízes africanas*. Rio de Janeiro: Sabin, 2009.

MACEDO, J. R. *História da África*. São Paulo: Contexto, 2013.

MUNANGA, K. O Conceito de africanidade no contexto africano e brasileiro. In: CONGRESSO AFRICANIDADES E BRASILIDADES, 2., 2014. *Anais...* Vitória, 2014.

A cultura dos brancos imigrantes

Objetivos de aprendizagem

Ao final deste texto, você deve apresentar os seguintes aprendizados:

- Reconhecer a influência da cultura dos imigrantes na formação cultural brasileira.
- Analisar os diferentes fluxos imigratórios para o Brasil.
- Compreender a importância dos brancos imigrantes para a construção da identidade brasileira.

Introdução

O Brasil, desde o início da colonização, e mais especificamente a partir do século XIX, promoveu a abertura política para a entrada de imigrantes no país. Esse movimento é uma das marcas da constituição da cultura e da identidade brasileira. Por meio da presença dos imigrantes europeus, novos hábitos, costumes e experiências múltiplas foram incorporados na sociedade brasileira e são perceptíveis na atualidade, conforme veremos neste texto.

A influência da cultura dos imigrantes na formação cultural brasileira

A presença dos brancos europeus em terras brasileiras remonta à chegada dos portugueses no ano de 1500 e a efetivação do processo de colonização a partir de 1530. Contou-se também com a presença dos jesuítas espanhóis cuja missão era catequizar os indígenas e incorporá-los ao projeto da colonização portuguesa. Entretanto, ao longo da história brasileira é possível identificar que as imigrações ocorreram em momentos distintos, e continuam na atualidade. A partir desse momento, iremos refletir sobre a influência da cultura dos brancos imigrantes na formação da cultura brasileira a partir do século XIX, especificamente a partir da vinda da Família Real Portuguesa, em 1808.

Napoleão Bonaparte movia uma guerra contra a Inglaterra (umas das principais potências europeias no século XIX) e acabou por ter consequências para a Coroa Portuguesa. Após controlar quase toda a Europa ocidental, Napoleão impôs um bloqueio ao comércio entre os ingleses e o continente, o chamado Bloqueio Continental, em 1806. Portugal era um país que dependia do comércio com os ingleses e, inclusive, possuía uma série de dívidas para com os mesmos. Portugal era uma brecha no bloqueio e era preciso fechá-la (FAUSTO, 2006).

Em novembro 1807, os franceses invadem as fronteiras entre Portugal e Espanha e chegam a Lisboa. Ainda nesse ano, entre 25 e 27 de novembro, o príncipe regente D. João VI decidiu-se, em poucos dias, pela transferência da corte para o Brasil. Desse modo, centenas de pessoas embarcaram em navios portugueses rumo ao Brasil, sob a proteção da frota inglesa. Todo o conselho burocrático veio para a colônia: ministros, conselheiros, juízes da Corte Suprema, funcionários reais, membros do exército, da marinha e do alto clero (FAUSTO, 2006).

Inicialmente a Coroa Portuguesa desembarcou na Bahia, em 1808, onde D. João VI assinou o decreto da Abertura dos Portos às Nações Amigas, liberando o livre comércio entre Brasil e demais nações. Após trinta dias no nordeste, a coroa viaja rumo ao Rio de Janeiro e estabelece ali a capital do reino.

Conforme nos aponta Boris Fausto (2006), a vinda da família deslocou toda administração portuguesa da Colônia para o Rio de Janeiro, mudando, inclusive, a fisionomia da cidade. Nesse momento, já é possível identificar as primeiras contribuições dos portugueses à sociedade brasileira do período. Entre outros aspectos, segundo Boris Fausto, esboçou-se uma vida cultural, com o acesso aos livros e a uma relativa circulação de ideias.

Em setembro de 1808, foi publicado o primeiro jornal editado na Colônia: *Gazeta do Rio de Janeiro*. Abriram-se teatros, bibliotecas, academias literárias e científicas, sendo tudo isso para atender aos requisitos da corte e de uma população urbana em rápida expansão. Muitos dos novos habitantes eram imigrantes, não apenas portugueses, mas espanhóis, franceses e ingleses que viriam a formar uma classe média de profissionais e artesãos qualificados. Além desses, vieram ainda cientistas e viajantes estrangeiros, como Jhon Mawe, Spix, Martius e Saint-Hilaire, todos eles são autores indispensáveis para o entendimento do conhecimento daquela época. (FAUSTO, 2006).

Vale também destacar a chegada, em março de 1816, da Missão Artística Francesa, contando com pintores como Taunay e Debret, incluindo também o arquiteto Montigny, responsável pelos projetos de várias edificações urbanas no Rio de Janeiro.

Já em meados do século XIX, sobretudo a partir de 1850, com o fim do tráfico de escravos, havia-se a perspectiva de que, com a abertura para os imigrantes europeus, novas técnicas agrícolas fossem trazidas e a agricultura se beneficiasse das modernidades europeias. Todavia, é válido salientar que os europeus seriam aqui trabalhadores, tal como camponeses, mas com a promessa de uma vida melhor.

Luis Felipe de Alencastro e Maria Luiza Renaux (1997) tecem interessantes comentários sobre a as relações entre imigrantes e fazendeiros brasileiros. Os imigrantes exigiam que os proprietários os tratassem com diversas iguarias "luxuosas", como, por exemplo, o hábito do consumo de pão, de vinhos, cervejas de qualidade, o presunto e o queijo, carnes de vacas e suínos, isto é, alimentos que contrastavam com a realidade da maioria dos fazendeiros e demais brasileiros. Os autores pontuam que com estes processos, o pão acabou por incorporar definitivamente às mesas brasileiras, mudando os hábitos nutritivos do país.

Os vetores principais da mudança nos hábitos alimentares foram, de fato, os imigrantes portugueses, consumidores e fabricantes de pães. Das 439 padarias existentes na corte, em 1884, 46% pertenciam aos portugueses, e era nessa área do comércio que a presença dos lusitanos atingia seu maior peso. (ALENCASTRO; RENAUX, 1997).

Outra contribuição cultural dos brancos imigrantes refere-se ao carnaval, que no Brasil consiste em uma festa nacional. Turistas de todas as partes do mundo se deslocam para este país tropical, paraíso das mulatas, do samba, da capoeira, do candomblé, da feijoada, do futebol e do carnaval. Iris Germano (1999) comenta que no imaginário popular, o carnaval é concebido como uma festa de origem tipicamente brasileira, com fortes influências africanas. Todavia, antes da década de 1920, o carnaval era uma festa de brancos, da elite, e a participação de negros era fortemente perseguida e repreendida.

O carnaval chegou ao Brasil através dos portugueses. Desde as épocas da colonização, foi uma das festas contidas no calendário cristão. O entrudo foi a primeira forma pela qual os festejos momescos chegaram ao Brasil. No entrudo, conforme aponta Iris Germano (1999), as famílias patriarcais brancas brincavam durante o carnaval, atirando água umas nas outras, farinha, lama, ovos e limões de cera, com líquidos perfumados.

A participação do negro, escravo, estava praticamente excluída. Foi somente a partir de 1889, com a Proclamação da República, que os negros passaram a jogar o entrudo nas ruas livremente. No final do século XIX, somado aos entrudos, grupos de foliões mascarados passaram a desfilar nas ruas ao som de tambores e outros instrumentos de percussão. Conhecido como o desfile do Zé Pereira, o ruído era infernal e o desfile uma desordem, para os setores mais conservadores da sociedade. (GERMANO, 1999).

As possibilidades de identificação e análise da influência dos brancos imigrantes na cultura brasileira são inúmeras. Por fim, destacamos a presença dos italianos no Sul do Brasil. Segundo Raquel Souza (2016), os italianos se estabeleceram no nordeste do Rio Grande do Sul por volta de 1875 e são de extrema importância para a compreensão do desenvolvimento histórico e social de tal região.

Os primeiros alimentos plantados e consumidos foram o pinhão, o milho e o trigo. Porém, o que caracterizou a colonização italiana nessa região foi o cultivo da uva e a produção do vinho. A imagem dos parreirais é típica da região serrana do estado. As folhas dos parreirais oferecem um colorido único para região. (SOUZA, 2016).

Os balaios confeccionados em cipó eram utilizados para armazenar a uva colhida dos parreirais. A cestaria, tão útil na colheita, deu origem a uma nova atividade: o artesanato. Assim, cestos reforçados, tramados com vime e taquara, chapéus, bolsas pequenas "sportas", elaboradas com "dressa", trança de palha do trigo, cadeiras com palha torcida, eram os principais produtos produzidos e comercializados (SOUZA, 2016). O artesanato com fios, mais delicado e decorativo, foi surgindo da necessidade de produtos para a casa e também para o vestuário. Era feito geralmente pelas mulheres. Em uma cultura em que o homem era dono do poder de decisão e às mulheres cabia a obediência e resignação, além dos afazeres domésticos, a lida com os animais e o cuidado com as crianças, os trabalhos manuais eram uma espécie de libertação da criatividade e do pensamento.

Por fim, destacamos, ainda com base no trabalho de Raquel Souza (2016), a contribuição dos italianos para a arquitetura da região. Algumas das características ainda estão presentes na atualidade. Vejamos algumas delas. A construção da cozinha era separada do resto da casa. Como utilizavam o "fogolaro", uma espécie de fogão no chão, utilizado para cozinhar, havia um certo medo de incêndio, e, neste caso, o resto da casa ficaria protegida.

O porão era elaborado de pedras, uma vez que mantém a umidade, e assim poderia conservar melhor os alimentos ali depositados, como as uvas colhidas, os vinhos, a carne, os salames e queijos feitos por eles. Na parte superior, havia a cozinha e os dormitórios. A casa de banho geralmente ficava atrás da casa. Em cima, ficava o sótão, que era utilizado como depósito de grãos, como o milho. A cozinha era a peça principal da casa, pois era ali que a família se reunia para celebrar o alimento, em torno da mesa, e festejava suas conquistas na nova terra (SOUZA, 2016).

Enfim, procuramos aqui destacar um pequeno fragmento da contribuição da cultura dos imigrantes brancos para a constituição da cultura brasileira. É interessante salientar que as diversas etnias que aqui se estabeleceram auxiliaram na composição do mosaico cultural e consistem em uma verdadeira riqueza e beleza no Brasil (Figura 1).

Figura 1. Os diferentes grupos étnicos que compõem a sociedade brasileira.

Fonte: Estrangeiros [200-?].

 ## Fique atento

Os conceitos de emigração, imigração e migração

Comumente, principalmente quando falamos de História, ouvimos dizer as palavras emigração, imigração e migração. Esses termos possuem uma ligação entre si, pertencem a um mesmo âmbito semântico, mas têm significados diferentes.

Migrante é a pessoa ou grupo que, em determinado tempo, teve a ação de se deslocar de um país para outro. No entanto, esse deslocamento sempre parte de uma região de origem conhecida para outra estranha a esta.

Dizemos que alguém **emigrou** quando saiu do país em que residia para se fixar, morar, em outro. Entretanto, a partir do momento em que esse alguém entrou em um país estranho, este é um imigrante.

Fonte: Vilarinho ([2017]).

Os diferentes fluxos migratórios para o Brasil

Como ocorreram os **fluxos migratórios** para o Brasil? Quais foram às regiões onde mais se concentraram os **imigrantes**? Quais as épocas de tais fluxos imigratórios? Como já afirmamos anteriormente, desde o início da colonização, em 1530, o Brasil tem recebido um fluxo de imigrantes europeus. No período da Primeira República, entre 1889 a 1930, ingressaram no país mais de 3,5 milhões de estrangeiros, o que corresponde a um total de 65% dos imigrados entre 1822 (ano da independência do Brasil) a 1960 (FUNDAÇÃO GETÚLIO VARGAS, [201-?]).

No período republicano, o Brasil se encontrou plenamente no contexto imigratório mundial ao lado de países como Estados Unidos e Argentina, constando como o terceiro maior receptor de imigrantes das Américas. Todavia, o Brasil foi caracterizado pela inserção prevalente de um tipo rural, espelhando uma **política imigratória** pautada na economia agrária e com um processo de industrialização praticamente inexistente (FUNDAÇÃO GETÚLIO VARGAS, [201-?]).

O estado de São Paulo foi o principal foco da imigração, concentrando cerca de 57% do total de estrangeiros entrados no país. A região sudeste, em cidades como o Rio de Janeiro (capital do país naquele momento), atraiu grande número de imigrantes, destacando a **imigração urbana** para a capital federal. Em Minas Gerais, os fluxos imigratórios se direcionaram quase exclusivamente para o sul do Estado, funcionando como uma extensão do sistema paulista. No Espírito Santo, a imigração, mais escassa e pontual, foi, sobretudo, o resultado da **política de colonização rural** com pequenos proprietários de origem alemã e italiana nas regiões serranas (FUNDAÇÃO GETÚLIO VARGAS, [201-?]).

A região Sul foi caracterizada, sobretudo, pela imigração subvencionada para a formação de núcleos coloniais de pequenos proprietários em regiões específicas dos estados do Rio Grande do Sul, Santa Catarina e Paraná. A grande maioria dos estrangeiros que imigraram para o Sul foi para o Rio Grande do Sul e particularmente para a região serrana.

Do ponto de vista étnico, destaca-se um núcleo mediterrâneo europeu preponderante formado por italianos (o maior grupo de imigrantes no Brasil nesse período, quase 1,3 milhão, 35% do total), portugueses (28%) e espanhóis (14%) – isto é, quase 8 de cada 10 imigrantes eram originários desses três países. Os alemães, quarto maior grupo, constituíram 4% do total, e os japoneses 3,5%. No restante, houve uma grande variedade, na qual prevaleceram os sírio-libaneses, seguidos por poloneses, ucranianos, húngaros, lituanos, austríacos de língua alemã e judeus da Europa oriental. Esses grupos se instalaram em todas as regiões brasileiras interessadas (FUNDAÇÃO GETÚLIO VARGAS, [201-?]).

Antonia Colbari (1997), de maneira pontual, discorre sobre os imigrantes italianos no estado do Espírito Santo. Os imigrantes italianos, subsidiados pelo governo, começaram a chegar à província do Espírito Santo, a partir de 1875. Eram, na sua maioria, camponeses pobres, originários de regiões do norte da Itália, como Lombardia e Vêneto. Os núcleos coloniais eram constituídos de pequenas propriedades cultivadas pelos imigrantes, com objetivo de colonizar e povoar extensas áreas desabitadas e improdutivas. A imigração, nesse contexto, resolvia tanto o problema populacional quanto o econômico: facilitava, nas regiões despovoadas, o assentamento de núcleos coloniais constituindo pequenas propriedades em áreas de escassez de população, e em terras desertas e/ou cobertas por densas florestas e com sistema de comunicação precário.

Os relatos dos imigrantes, descrevendo seu cotidiano de trabalho, evidenciam as difíceis condições de vida: o trabalho era árduo, iniciado desde a madrugada e se estendendo até o pôr-do-sol. Os imigrantes plantavam café, milho, feijão, e, para manter a família, eram obrigados a trabalhar em outras propriedades até o início da produção dos cafezais. Quando o cafezal estava formado, as atividades aumentavam e a família toda, inclusive mulheres e filhos, era mobilizada. As mulheres ajudavam na roça e assumiam as funções da casa, que incluíam a formação de hortas e a criação de galinhas. Muitos, por possuírem habilidades artesanais, efetuavam tarefas de pedreiro, marceneiro, carpinteiro - o que explica a construção de igrejas e até de pontes nos núcleos coloniais - e fabricavam acessórios de couro (COLBARI, 1997).

Outro dado interessante diz respeito a vida cotidiana dos italianos, conforme destaca Antonia Colbari (1997):

> O trabalho e a vida social em torno da religião fundavam uma moralidade pautada por valores comunitários que se sobrepunham às pretensões individualistas. A vida comunitária ter-se-ia estruturado principalmente em torno da religiosidade e de uma estratégia racional, que prescrevia a coesão e o investimento em melhorias da vida coletiva. O isolamento contribuiu duplamente para o fortalecimento do espírito comunitário: forçava a coesão, a solidariedade e a ajuda mútua no interior do grupo e minimizava a interferência de forças desagregadoras.

Entretanto, a autora bem destaca que isso não gerou comunidades fechadas ou excludentes. A construção de escolas, por iniciativa dos próprios imigrantes, cujos prédios por vezes foram ocupados pelo governo, bem como a construção de capelas e cemitérios estava orientada para a sobrevivência diante das adversidades (COLBARI, 1997).

Por fim, segundo Alexandre Bueno (2011), é possível destacar ainda que outro **fluxo migratório** ocorreu no Brasil após o fim da Segunda Guerra Mundial, em 1945, e foi retomada a imigração de trabalhadores agrícolas até a década de 1950. Todavia, conforme cita o autor, o governo brasileiro passou a se interessar por **imigrantes europeus** com um grau de instrução maior e com conhecimentos técnicos mais sofisticados e específicos, isto porque o Brasil estava passando por um momento de urbanização e industrialização.

Como pudemos perceber, existiram diferentes **fluxos migratórios** para o Brasil e todos auxiliaram, em maior ou menor grau, no desenvolvimento de cada região. Além disso, cada fluxo contribuiu para a formação cultural brasileira mediante a inserção de novos hábitos, costumes, formas de trabalho e sociabilidade. Muitos desses elementos ainda estão presentes em nossa sociedade.

Saiba mais

A influência portuguesa na formação da sociedade brasileira

A mais evidente herança portuguesa para a cultura brasileira é a língua portuguesa, atualmente falada por todos os habitantes do país. A religião católica, crença da maioria da população, é também decorrência da colonização. O catolicismo, profundamente arraigado em Portugal, legou ao Brasil as tradições do calendário religioso, com suas festas e procissões. As duas festas mais importantes do Brasil, o carnaval e as festas juninas, foram introduzidas pelos portugueses.

Além destas, vários folguedos regionalistas como as cavalhadas, o bumba-meu-boi, o fandango e a farra do boi denotam grande influência portuguesa. No folclore brasileiro, são de origem portuguesa a crença em seres fantásticos como a cuca, o bicho-papão e o lobisomem, além de muitas lendas e jogos infantis como as cantigas de roda.

Na culinária, muitos dos pratos típicos brasileiros são resultados da adaptação de pratos portugueses às condições da colônia. Um exemplo é a feijoada brasileira, resultado da adaptação dos cozidos portugueses. Também a cachaça foi criada nos engenhos como substituto para a bagaceira portuguesa, aguardente derivada do bagaço da uva.

> Alguns pratos portugueses também se incorporaram aos hábitos brasileiros, como as bacalhoadas e outros pratos baseados no bacalhau. Os portugueses introduziram muitas espécies novas de plantas na colônia, atualmente muito identificadas com o Brasil, como a jaca e a manga.
>
> De maneira geral, a cultura portuguesa foi responsável pela introdução no Brasil colônia dos grandes movimentos artísticos europeus: renascimento, maneirismo, barroco, rococó e neoclassicismo.
>
> Assim, a literatura, pintura, escultura, música, arquitetura e artes decorativas no Brasil colônia denotam forte influência da arte portuguesa, por exemplo, nos escritos do jesuíta luso-brasileiro Padre Antônio Vieira ou na decoração exuberante de talha dourada e pinturas de muitas igrejas coloniais. Essa influência seguiu após a Independência, tanto na arte popular como na arte erudita.
>
> *Fonte:* Vila Don Patto (2015).

A importância dos brancos imigrantes para a construção da identidade brasileira

Conforme vimos, os brancos imigrantes exerceram um papel relevante na **formação cultural** da sociedade brasileira, introduzindo novos costumes, hábitos, novas formas de trabalho e com suas demais experiências para o desenvolvimento da economia brasileira. Nessa direção, poderíamos questionar: o que é ser brasileiro em um país **pluricultural**? Como podemos caracterizar a **identidade** do Brasileiro? Há um brasileiro legítimo?

Um dos grandes intelectuais da sociologia chamado Stuart Hall (2006) elaborou uma contundente concepção de identidade, gestada no campo da pós-modernidade, que recusa a ideia de uma identidade unitária, fixa ou imóvel de uma sociedade. Para este autor, falar em uma identidade única, seja de um indivíduo, seja de um território, é impossível devido ao grande **mosaico cultural** que compõe essas mesmas sociedades.

Tal concepção é válida para pensarmos a própria identidade brasileira. Como já analisamos anteriormente, no Brasil, desde o início da colonização, e mais intensamente a partir do século XIX, há um fluxo enorme de europeus provenientes de várias nações, e isso exerceu influência na formação da **cultura brasileira**. Assim, seguindo a concepção de Stuart Hall (2006), o mesmo indivíduo segue sua vida ora incorporando elementos culturais, ora refutando certos elementos, e, inclusive, mantendo muitas das tradições que lhes fazem sentido. Essa é a concepção dinâmica da **identidade**, que é definida historicamente e não por determinismos biológicos.

É evidente que podemos apontar alguns fatores de **unidade nacional**, como, por exemplo, a língua falada e escrita que, apesar dos sotaques e usos regionais, apresenta relativa unidade. Podemos apontar alguns pratos que já se tomaram nacionais; certos "gostos" nacionais e certos comportamentos; algumas festas e manifestações; alguns sentimentos e expressões, que nos moldam de acordo com um "jeito" de ser brasileiro (PEREIRA FILHO, 2006).

Mas então, **o que é ser brasileiro**? O que nos identifica como **povo brasileiro** diante do contexto de fluxos imigratórios? Autores como Sergio Buarque de Holanda, Darcy Ribeiro, Gilberto Freyre, já se debruçaram sobre o assunto, cada um à sua maneira. Dessas leituras, pode-se compreender que os brasileiros são tantos, são múltiplos, variados, que talvez nunca venhamos de fato concluir quem ele é (PEREIRA FILHO, 2006).

Como temos visto ao longo do texto, é possível falarmos em alguns fatores de unidade que se construíram ao longo da história e que nos aproximam enquanto brasileiros. Todavia, vamos considerar ainda, além da diversidade na formação étnica, as diferenças por fatores como as religiões, os gêneros, as faixas etárias, as classes sociais. Em suma, conforme aponta Gerson Pereira Filho (2006), acima de tudo, devemos pensar não na justificação e afirmação da identidade nacional, mas sim na multiplicidade e diversidade que faz nosso povo e nação.

Link

No artigo *"A influência da religião europeia na cultura brasileira"* do autor Ney Souza, o perfil atual da religião no Brasil é o resultado de uma antiga tradição oriental e da herança do antigo ramo do Cristianismo, distribuídos em três formas: latim, francês e alemão. A diferenciação das três formas é deve-se ao desenvolvimento de potências católicas europeias no mundo, através de mercados, exército, política, religião e cultura, que se espalharam por todo o mundo e influenciaram a África e a Ásia desde a segunda metade do século XV. No século seguinte, chegou à América, mudando os hábitos anteriores. A expansão Ibérica teve um papel importante neste processo. Este artigo apresenta os resultados de uma pesquisa que lida com a influência religiosa europeia, o senso comum das culturas indígenas e africanas e a atual cultura brasileira. Para ler o artigo na íntegra

https://goo.gl/iiELej

Link

Conforme o artigo *"A construção da identidade nacional"* do autor José Luiz Fiorin (2009), a **identidade nacional** é construída, dialogicamente, a partir de uma autodescrição da cultura. Dois grandes princípios regem as culturas: o da exclusão e o da participação. Com base neles, elas autodescrevem-se como culturas da mistura ou da triagem. A cultura brasileira considera-se uma cultura da mistura. Neste sentido o autor se propõe a mostrar como essa autodescrição foi criada e como opera, constituindo a identidade nacional. Para ler o artigo na íntegra acesse o link.

https://goo.gl/GYEj63

Exercícios

1. Acerca da concepção de identidade, elaborada por Stuart Hall (2006), no contexto da pós-modernidade, é possível afirmar que:

a) A identidade de um indivíduo é aquilo que ele tem de mais precioso. Por isso precisa construí-la em bases sólidas e imutáveis, para se constituir enquanto indivíduo no tempo e no espaço.

b) Uma identidade única e fixa é impensável na atualidade, uma vez que indivíduos e sociedades estão sempre em movimento, em transformação e, consequentemente, modificando suas próprias identidades.

c) Não é válida para pensar o Brasil, uma vez que é fato sermos formados, de maneira homogênea, a partir das três matrizes étnicas: indígena, europeia e africana.

d) Ela consiste em um equívoco, visto que ser brasileiro é entender-se enquanto povo lutador e persistente.

e) Pouco ajuda no esclarecimento da identidade brasileira, uma vez que possuímos certas tradições, originadas no Brasil, que condicionam a nossa própria identidade.

2. A partir de 1808, a Família Real portuguesa vem para o Brasil (até então Colônia), fugindo das tropas napoleônicas. A partir desse momento, é possível afirmar que:

a) Houve um predomínio da cultura portuguesa Brasil, que aniquilou completamente a cultura indígena e africana e impôs apenas a vontade da família real de maneira homogênea.

b) Não houve modificações nas cidades, tampouco na cultura, uma vez que a Coroa Portuguesa estava em crise financeira e investiu pouco nas terras brasileiras.

c) Tal vinda foi completamente destrutiva para a cultura brasileira, visto que até o século XIX, o Brasil era uma nação homogênea e pacífica.

d) Ocorreram profundas mudanças, tanto culturalmente quanto esteticamente, visto que os portugueses procuraram transformar o Brasil de maneira a parecer-se com Portugal.

e) Ocorreram mudanças apenas nos aspectos urbanístico e arquitetônico.

3. A partir da perspectiva de autores como Darcy Ribeiro, Sergio Buarque de Holanda ou Gilberto Freyre, é possível compreender que a identidade brasileira:

a) Não é única, mas sim múltipla em suas dimensões culturais.

b) É marcada, civilizadamente, apenas pela cultura dos brancos imigrantes.

c) Esqueceu por completo a influência cultura dos indígenas.

d) Esqueceu por completo a influência dos africanos.

e) Foi construído sob bases homogêneas, constituindo assim a chamada "democracia racial".

4. O Carnaval é uma festa celebrada anualmente, um evento de cunho nacional. Sobre essa festa, é possível afirmar que:

a) É algo tipicamente brasileiro, gestado no Brasil e é um dos elementos que caracteriza o povo brasileiro.

b) É uma festa tipicamente pagã que tem origem nas rodas de capoeira e celebrações religiosas africanas.

c) É uma festa originada nos rituais tupi guaranis,

d) É uma festa que foi gestada a partir da articulação entre rituais africanos e indígenas.

e) É uma festa originada nas camadas das elites brancas, onde se jogava o entrudo. Os africanos eram reprimidos e impedidos de participarem dessas festas.

5. Acerca dos fluxos imigratórios no Brasil, é possível afirmar que:

a) Eles tiveram pouco impacto, uma vez que os colonos já possuíam todas as técnicas e soluções para o trabalho nas fazendas.

b) Ocorreram especificamente pela falta de mão de obra escrava nas lavouras de café. Assim, os diversos fluxos imigratórios foram destinados apenas a suprir essa falta.

c) Eles foram fundamentais para a formação da cultura brasileira e, em maior ou menor grau, contribuíram para o desenvolvimento de novas experiências no campo do trabalho e das ideias, de uma maneira geral.

d) Eles ocorreram intensamente no século XVI, com a vinda das primeiras naus brasileiras. A partir daí, os fluxos imigratórios diminuíram e se tornaram incipientes até o século XX.

e) Os fluxos imigratórios permitiram apenas o desenvolvimento da agricultura e do setor agroexportador. Em outros setores, a cultura do branco imigrante não teve grande importância.

Referências

ALENCASTRO, L. F.; RENAUX, M. L. Caras e modos dos migrantes e imigrantes. In: NOVAIS, F. (Org.). *História da vida privada no brasil: império*. São Paulo: Cia das Letras, 1997.

BUENO, A. M. *Representações discursivas do imigrante no Brasil a partir de 1945*. 352 f. 2011. Tese (Doutorado em Semiótica e Linguística Geral) – Universidade de São Paulo, São Paulo, 2011.

COLBARI, A. Familismo e ética do trabalho: o legado dos imigrantes italianos para a cultura brasileira. *Revista Brasileira de História*, v.17, n. 34, 1997. Disponível em: <http://www.scielo.br/scielo.php?pid=S0102-01881997000200003&script=sci_arttext>. Acesso em: 5 out. 2017.

ESTRANGEIROS. [200-?]. Disponível em: <http://4.bp.blogspot.com/-Xmpbla0_7Ac/VXYn3us-MUI/AAAAAAAC4oM/wHnwFhoXzUg/s640/estranegeiros.PNG>. Acesso em: 5 out. 2017.

FAUSTO, B. *História do Brasil*. 12. ed. São Paulo: EDUSP, 2006.

FIORIN, J. L. A construção da identidade nacional brasileira. *Bakhtiniana*, São Paulo, v. 1, n. 1, p. 115-126, 2009. Disponível em: <https://revistas.pucsp.br/index.php/bakhtiniana/article/viewFile/3002/1933>. Acesso em: 6 out. 2017.

FUNDAÇÃO GETÚLIO VARGAS. *Imigração*. [201-?]. Disponível em: <http://cpdoc..br/sites/default/files/verbetes/primeira-republica/IMIGRA%C3%87%C3%83O.pdf>. Acesso em: 5 out. 2017.

GERMANO, I. O carnaval no Brasil: da origem européia à festa nacional. *Caravelle*, n. 73, 1999. Disponível em: <http://www.persee.fr/doc/carav_1147-6753_1999_num_73_1_2857>. Acesso em: 5 out. 2017.

HALL, S. *A identidade cultural na pós-modernidade*. Rio de Janeiro: DP&A, 2006.

PEREIRA FILHO, G. A identidade do Brasil. *Gestão e Conhecimento*, Poços de Caldas, v. 2, n. 2, mar./jun. 2006.

SOUZA, R. E. O legado estético da colonização italiana no sul do Brasil. *Revista Icônica*, v. 2, n.1, 2016. Disponível em: <http://revistas.utfpr.edu.br/ap/index.php/iconica/article/view/53/43>. Acesso em: 5 out. 2017.

SOUZA, N. de. A influência da religião europeia na cultura brasileira Da religião mágica à religião crítica. *Revista de Cultura Teológica*, v. 23, n. 86, jul./dez. 2015. Disponível em: <file:///C:/Users/10083899/Downloads/26043-67978-1-SM.pdf>. Acesso em: 6 out. 2017.

VILA DON PATTO. *As influências dos portugueses na cultura brasileira*. 2015. Disponível em: <http://www.viladonpatto.com.br/blog/as-influencias-dos-portugueses-na--cultura-brasileira-e735>. Acesso em: 6 out. 2017.

VILARINHO, S. *Emigração, imigração ou migração?* [2017]. Disponível em: <http://mundoeducacao.bol.uol.com.br/gramatica/emigracao-imigracao-ou-migracao.htm>. Acesso em: 5 out. 2017.

Leituras recomendadas

HOLANDA, S. B. de. *Raízes do Brasil*. São Paulo: Companhia das Letras, 2015.

MATTA, R. da. *O que faz do Brasil, Brasil?* Rio de Janeiro: Rocco, 1986.

RIBEIRO, Darcy. *O povo brasileiro*. São Paulo: Cia das Letras, 1995.

Cultura brasileira como miscigenação

Objetivos de aprendizagem

Ao final deste texto, você deve apresentar os seguintes aprendizados:

- ▓ Reconhecer a complexidade da formação cultural brasileira.
- ▓ Desenvolver uma abordagem sobre o chamado "triângulo racial" no intuito de desmistificá-lo.
- ▓ Identificar os aspectos da diversidade cultural brasileira.

Introdução

O Brasil é um país com grande **diversidade** étnica e cultural, e não é possível dizer que há uma homogeneidade na constituição de sua **identidade**. Pelo contrário, desde os tempos da colonização, nosso país tem sido marcado pela presença de vários povos que se distribuíram ao longo do território. Cada uma das etnias, à sua maneira, tem contribuído para a construção de características peculiares a nossa sociedade, conforme veremos nesse texto.

A complexidade da formação cultural brasileira

Quando as frotas portuguesas chegaram ao território que hoje denominamos Brasil, eles encontraram diversos grupos de indígenas que habitavam as vastas regiões do litoral e desconheciam a propriedade privada e a acumulação do trabalho social. Os portugueses desenvolveram diferentes formas de contato e estabeleceram diferentes relações com os indígenas, a fim de conhecê-los e aprender os modos de sobrevivência nessas terras até então desconhecidas.

Com o passar do tempo, os portugueses obrigaram os indígenas a desenvolver o trabalho compulsório, e é justamente nesse contexto que uma grande parcela da população indígena é dizimada, uma vez que não estavam habituados ao trabalho pesado e forçado. Além disso, temos também a presença da Companhia de Jesus disseminando o cristianismo, sobretudo para os indígenas, a fim de garantir a eles a "salvação em Cristo" por meio do exercício da catequese. Os jesuítas espanhóis passam então a defender esses grupos indígenas até a coroa portuguesa proibir esse tipo de escravidão.

Ocorre que a partir de meados do século XVI os portugueses iniciaram o tráfico de africanos para suprir as demandas de trabalho (escravo) aqui no Brasil. Ressalta-se que esse modo de trabalho compulsório já havia sido experimentado pelos portugueses nas ilhas de Açores e da Madeira e percebeu-se que era muito lucrativo, e por isso, houve o investimento dessa forma de mão de obra nas fazendas e engenhos de açúcar no Brasil. É desse modo que os africanos passam a fazer parte do **processo de formação da sociedade brasileira** (FAUSTO, 2006).

Diante disso, já podemos perceber que diversos costumes, línguas, crenças e diferentes formas de vivência foram articulando-se, e formaram, assim, a base de nossa **cultura**. Vejamos que, por intermédio da presença africana, houve a inserção de diferentes elementos culturais, como os ritmos e tambores, os jogos de capoeira, religiões como Umbanda e Candomblé, diferentes culinárias e costumes que passaram a integrar o cotidiano dos núcleos urbanos brasileiros.

Com os portugueses, estabeleceu-se o idioma português como sendo oficial em terras brasileiras. Em que pese, nosso idioma possui diferenças com relação ao falado em Portugal, uma vez que muitas palavras indígenas foram incorporadas em nossa gramática, como, por exemplo, anhanguera, caatinga, biboca, caipira, dentre outras. Além da língua, os portugueses trouxeram uma série de instrumentos confeccionados em ferro, como o machado, espadas, facões ou armas de fogo que não eram conhecidos dos indígenas.

A partir dessas três matrizes étnicas e suas relações de cruzamento (miscigenação), surgiram outros grupos denominados mestiços, como: o mulato (mistura do negro com o branco); o mameluco (mistura do índio com branco) e o cafuzo (negro com o índio). Com o passar dos tempos, e a chegada de imigrantes vindos de vários lugares do mundo, a cultura brasileira foi sendo transformada.

Todavia, ressalte-se que não havia um equilíbrio quanto a esse processo de miscigenação. Por exemplo, no Nordeste brasileiro, havia uma maior concentração de escravos africanos devido aos engenhos e canaviais. Com isso, a relação entre europeus e africanos foi mais intensa. Já em São Paulo, a mistura das etnias foi mais intensa entre europeus e indígenas, já que havia uma concentração menor de africanos por essa região.

É interessante pontuar que, no final do século XIX, sobretudo após a **abolição da escravidão**, o Brasil recebe um grande fluxo de **imigrantes** vindo de diversos lugares do mundo. Nesse sentido, alemães, italianos, japoneses, libaneses, ucranianos, sírios, coreanos, japoneses, trouxeram, para a sociedade brasileira, novos elementos culturais.

As áreas do sul e do sudeste brasileiro são as que mais receberam imigrantes. No Sul, chegaram alemães, italianos e poloneses, e o interior de São Paulo destacou-se com italianos e japoneses. A cultura africana, por exemplo, está muito presente na cidade de Salvador, na Bahia. A cidade tem uma das maiores populações de origem africana do mundo. As características da cultura africana podem ser vista na dança, na culinária e na religião. A cidade de São Paulo é formada por pessoas de várias origens. Na cidade paulista, é possível encontrar um número maior de culturas. É em São Paulo que se concentra o maior número de italianos e de seus descendentes, principalmente nos bairros do Brás, do Bixiga e da Mooca. A colônia japonesa se concentra, principalmente, no bairro da Liberdade (MACIEIRA, 2016).

Desse modo, é possível conceber que a cultura brasileira é marcada pela diversidade, ampla e, ao mesmo tempo, rica. Tal riqueza, por outro lado, gera um grande problema: a questão da discriminação. Parte da população que vive no Brasil sofre com o preconceito desencadeado pela cor de pele e não é raro a cultura europeia ser considerada superior a outras culturas e modos de vida.

É interessante pensar que, após a abolição da escravidão no Brasil, em 1888, a condição dos negros no país foi, e ainda é, tema de **estudos sociológicos**, **antropológicos** e **historiográficos**. A inexistência de conflitos raciais, aberto no período pós-abolição, levou muitas pessoas a pensar que a sociedade caminhava e desenvolvia-se de maneira harmônica em termos raciais, corroborando a ideia de uma democracia racial (SALAINI, 2009).

É importante destacar que, no pensamento brasileiro, a ideia de **miscigenação** não foi sempre vista como algo importante ou característico de nossa **identidade**. Elisangela Ferreira (2012) nos apresenta um rol de intelectuais que desenvolveram diferentes visões sobre esse assunto, durante o século XIX, e todos eles possuem, em maior ou menor grau, ideias de cunho preconceituosas.

Para Silvio Romero, por exemplo, a mestiçagem seria apenas uma fase transitória no Brasil e que o processo de branqueamento levaria em torno de seis ou sete séculos. Para Nina Rodrigues, no lugar da unidade, deveria haver uma institucionalização e legalização da heterogeneidade, através da criação de instituições jurídicas, isto é, a criação de um código penal para os brancos e um código penal para os negros (FERREIRA, 2012). Durante parte do século XIX, teorias como essas surgiram para justificar o domínio europeu sobre os indígenas e os africanos.

Enfim, conhecer a história de uma nação significa resgatar e preservar a **tradição** e a **memória** daqueles que contribuíram para que chegássemos ao momento atual. Trata-se de uma oportunidade de estabelecer compreensões a respeito de nossa própria **identidade**. Para os alunos, por exemplo, conhecer diferentes visões do mundo é fundamental para se quebrar a ideia de uma história única ou repleta de estereótipos.

É importante frisar que a **diversidade cultural** é repercutida diretamente nas **relações sociais** e a escola vem a se caracterizar como um espaço propício para a manifestação dessas diferenças. Considerando o contexto **multicultural** do Brasil, a Lei 11.645/08, que torna obrigatório o estudo da história e cultura afro-brasileira e indígena, mostra-se uma aliada na discussão acerca do tema da diversidade cultural (LEAL, 2013).

A não aceitação ou não reconhecimento das diversidades existentes no país gera conflitos que podem vir a desdobrar-se em problemas identificados nas manifestações de violência física e verbal e no desrespeito às **diferenças**. Sendo o Brasil um país diverso, as variações manifestam-se em diferentes setores sociais, característica de uma sociedade heterogênea no tocante ao contexto de sua formação cultural (LEAL, 2013).

Figura 1. A diversidade cultural é uma das grandes marcas do povo brasileiro.
Fonte: Quinteiro, 2014.

 **Fique atento**

Sobre os conceitos de Raça e Etnia
A discussão em torno do tema raça e etnia é um dos debates mais constantes na sociedade contemporânea. Sobretudo porque essa questão está no cerne dos conflitos que
o mundo vem atravessando, seja por causa das guerras entre os povos, os constantes
conflitos étnicos no oriente médio, por exemplo; seja por causa da exclusão social pela
qual alguns grupos raciais passam em diversos países, aqui no Brasil, negros e índios,
nos EUA os latinos, dentre outros.

   O conceito de raça está intimamente relacionado com o âmbito biológico, as
diferenças de características físicas que fazem daquele grupo social um grupo particular.
Pode-se compreender melhor o que se quer dizer quando fala-se de raça quando se
atenta para as questões de cor de pele, tipo de cabelo, conformação facial e cranial,
ancestralidade e genética. **O conceito de Etnia** está relacionado ao âmbito da cultura,
os modos de viver, costumes, afinidades linguísticas de um determinado povo criam
as condições de pertencimento naquela determinada etnia. Pode-se compreender
melhor as questões étnicas a partir dos inúmeros exemplos que enchem a televisão
de manchetes, como os eternos conflitos entre grupos étnicos no oriente médio que
vivem em disputa política por territórios ou por questões religiosas.
Fonte: Raça e etnia. ([200-?]).

A ideia do "triângulo racial" brasileiro e sua desmistificação

Estudamos a complexidade da cultura brasileira, a diversidade cultural tão
peculiar que marca o nosso país. Em seguida falamos que, em todo esse processo, o elemento contraditório reside justamente na presença dos preconceitos
raciais. Um olhar retrospectivo pode nos revelar que isso não é algo novo. Desde
o século XVII, segundo o antropólogo Roberto da Matta (1986), viajantes
que passaram pelo Brasil, cientistas e teóricos afirmaram que o atraso no
desenvolvimento do Brasil residiria na mistura das "diferentes raças", sendo
o único caminho o "branqueamento" da população.

   A partir desse momento, fundamentado na obra de Roberto da Matta, *O
que faz do Brasil, Brasil?* (1986), iremos estudar acerca do mito denominado
triangulo racial. Tal mito pressupõe que existia uma coexistência pacífica
das três matrizes étnicas aqui no Brasil, uma espécie de homogeneidade,
sem discriminação ou hierarquização, uma espécie de democracia racial,
conforme podemos notar na obra de Gilberto Freyre, *Casa Grande &
Senzala* (1963).

Gláucia Murinelli (2012) comenta que a atribuição do mito da democracia racial à obra de Freyre provém de sua interpretação de que a intensa **miscigenação da população**, em uma sociedade paternalista como a brasileira, resultou na constituição de uma sociedade na qual prevaleceram a empatia entre as raças e a amenidade das relações entre senhores e escravos. Fato que teria sido decisivo para uma convivência racial, se não harmônica, pelo menos acomodada entre os diferentes grupos sociais.

O trabalho de Freyre, como destacado, deu ênfase ao caráter paternalista e ao processo de acomodação dos conflitos da sociedade brasileira (MATTOS; RIOS, 2005 apud MURINELLI, 2012). Desse modo, se por um lado o antropólogo foi revolucionário quanto ao seu olhar cultural, ao evidenciar de modo incisivo as raízes africanas e a importância delas na **cultura brasileira**, por outro foi conservador ao descrever a relação entre senhores e escravos na conformação de uma sociedade praticamente isenta de discriminação racial, em virtude da intensa miscigenação entre os grupos (MURINELLI, 2012).

Segundo Roberto da Matta (1986), um **triângulo racial** consiste em um empecilho para se ter uma visão histórica e social da nossa formação como sociedade. É que, quando acreditamos que o Brasil foi feito de negros, índios e brancos, estamos aceitando sem muita crítica a ideia de que esses povos se encontraram de modo espontâneo, em uma espécie de carnaval social e biológico. Porém, segundo o autor, nada disso é verdade. O fato é que o Brasil é uma sociedade hierarquizada, que foi formada dentro de um quadro rígido de valores discriminatórios.

Os portugueses já possuíam uma legislação discriminatória contra judeus, mouros e cristãos, muito antes de terem chego ao Brasil. Quando aqui chegaram, apenas ampliaram estes preconceitos. A mistura das raças, conforme descritas no mito do triângulo racial, foi uma forma de esconder injustiças sociais contra negros, índios e mulatos, pois, situando no plano biológico uma questão profundamente social, econômica e política, deixava-se de lado uma problemática mais básica da sociedade (MATTA, 1986). Mas, por quê?

De fato, conforme aponta Roberto da Matta (1986), é mais fácil dizer que o Brasil foi formado por um triângulo de raças, o que nos conduz ao mito da democracia racial, do que assumir que, em nossa sociedade, opera-se por meio de gradações e que, por isso mesmo, pode admitir, entre o branco superior e o negro pobre e inferior, uma série de critérios de classificação. Assim,

> [...] podemos situar as pessoas pela cor da pele ou pelo dinheiro. Pelo poder que detêm ou pela feiúra de seus rostos. Pelos seus pais e nome de família, ou por sua conta bancária. As possibilidades são ilimitadas, e

isso apenas nos diz de um sistema com enorme e até agora inabalável confiança no credo segundo o qual, dentro dele, "cada um sabe muito bem o seu lugar" (MATTA, 1986, p. 40).

Nesse sentido, é preciso compreender que, sim, inúmeros grupos participaram da **formação cultural** da sociedade brasileira, e que ocorreu um processo de miscigenação. Porém, isso não deve ser aceito sem um olhar crítico e reflexivo. A presença de diferentes etnias no Brasil e seus estabelecimentos na sociedade não ocorreram de modo pacífico, harmônico, mas sim permeado por lutas e embates contra o preconceito e as desigualdades geradas por esse mesmo processo.

Roberto da Matta (1986) postula ainda que, em nossa **ideologia nacional**, temos um **mito de três raças** formadoras. Não se pode negar o mito. Mas o que se pode indicar é que o mito indica uma maneira muito sutil de esconder uma sociedade que ainda não se sabe **hierarquizada** e dividida entre múltiplas possibilidades de classificação.

Saiba mais

Sobre a identidade brasileira

O antropólogo Roberto da Matta faz uma abordagem interessante acerca da identidade brasileira. O autor elabora uma distinção entre o brasil com b minúsculo e o Brasil com B maiúsculo. Acompanhe:

O "brasil" com o b minúsculo é apenas um objeto sem vida, autoconsciência ou pulsação interior, pedaço de coisa que morre e não tem a menor condição de se reproduzir como sistema; como, aliás, queriam alguns teóricos sociais do século XIX, que viam na terra — um pedaço perdido de Portugal e da Europa — um conjunto doentio e condenado de raças que, misturando-se ao sabor de uma natureza exuberante e de um clima tropical, estariam fadadas à degeneração e à morte biológica, psicológica e social.

Mas o Brasil com B maiúsculo é algo muito mais complexo. É país, cultura, local geográfico, fronteira e território reconhecidos internacionalmente, e também casa, pedaço de chão calçado com o calor de nossos corpos, lar, memória e consciência de um lugar com o qual se tem uma ligação especial, única, totalmente sagrada. É igualmente um tempo singular cujos eventos são exclusivamente seus, e também temporalidade que pode ser acelerada na festa do carnaval; que pode ser detida na morte e na memória e que pode ser trazida de volta na boa recordação da saudade. Tempo e temporalidade de ritmos localizados e, assim, insubstituíveis. Sociedade onde pessoas seguem certos valores e julgam as ações humanas dentro de um padrão somente seu.

Não se trata mais de algo inerte, mas de uma entidade viva, cheia de auto-reflexão e consciência: algo que se soma e se alarga para o futuro e para o passado, num movimento próprio que se chama História. Aqui, o Brasil é um ser parte conhecido e parte misterioso, como um grande e poderoso espírito.

Fonte: Matta (1986, p. 9).

Aspectos da diversidade cultural brasileira

Renato Pfeffer (2013), ao citar o sociólogo Norbert Elias (2007), aponta que as sociedades poderiam ser conhecidas através da análise de seus costumes. Os hábitos e comportamentos sociais permitem compreender como cada sociedade percebe a si mesma e como ela é percebida por outras. Neste sentido, diversos intelectuais como Gilberto Freyre, Oliveira Vianna, Euclides da Cunha, dentre outros, empreenderam diferentes interpretações, por vezes excludentes entre si, sobre a **identidade nacional**.

Gilberto Freyre, por exemplo, elabora uma apologia da mestiçagem e da colonização portuguesa no Brasil. Ele defende a ideia de que o espírito comerciante dos portugueses teria facilitado a convivência deles com outras etnias, e esse fato teria sido fundamental para a riqueza cultural do país. Oliveira Vianna, por sua vez, defende a superioridade racial ariana e mostra-se apreensivo diante do caráter mestiço da população. Acaba se tornando o apóstolo da purificação da raça brasileira através de uma nova miscigenação com os europeus. Nessa mesma direção, Euclides da Cunha apresenta a raça brasileira, como enfraquecida pela miscigenação. Este intelectual destaca a impossibilidade de o Brasil ser tão desenvolvido quanto um país de "raça pura". E mais, ainda procurou o entendimento do país através das categorias litoral e sertão. Um sertão o qual às vezes aparece como paraíso, às vezes, como purgatório (PFEFFER, 2013).

Mas como temos abordado até aqui, o Brasil é um país complexo culturalmente. Como afirma Domenico De Masi (2000), o Brasil é um lugar que consegue misturar beleza, sofrimento, abundância, fome, riso alegre e lágrimas tristes.

No Brasil, ainda podemos encontrar um **universo religioso** fortemente marcado pela **diversidade de estilos e sistemas religiosos**, variando os cultos e as éticas delas derivadas. Algumas correntes claramente abertas ao diálogo, outras mais sectárias. Frente a esse universo, ocorre hoje um amplo direito de escolha individual para fazer-se religioso (PFEFFER, 2013).

Cada indivíduo pode escolher sua religião ou criá-la através de um feixe que lhe seja significativo. Na verdade, esse processo não é atual, pois já estava presente no passado colonial do país. Naquele momento, assim como hoje, cada indivíduo pode fazer interações de sentido entre as diversas religiões, em busca de uma espiritualidade pessoal ou optar por pertencer a mais de uma religião. Muito mais que membro de uma religião específica, o brasileiro possui um espírito religioso (PFEFFER, 2013).

Renato Pfeffer (2013, p. 118-119) tece uma importante consideração:

> [...] a mestiçagem cultural brasileira se faz por uma interação recíproca entre culturas que se encontram historicamente. Essas culturas se afetam mutuamente gerando o aporte de coisas valiosas. Muitas vezes, os símbolos culturais do outro não foram respeitados, porém, a cultura dominante nunca conseguiu ser hegemônica. Identidades são preservadas e continuam a interagir com outras em uma constante mestiçagem. O resultado do processo é a manutenção de um Estado multicultural que preserva um pluralismo cultural respeitoso e harmonioso. O sincretismo no Brasil tornou- se agente da civilização. Somos um país híbrido, o que nos dá identidade e o que pode ser nossa contribuição específica para o mundo. Aprendemos a fundir códigos de uma maneira alegre e festiva, o que gerou uma profunda confraternização de valores e sentimentos das culturas religiosas que compuseram o país.

Por fim, é conveniente enfatizar que a **cultura** se manifesta de maneira diversa e tem como de pano de fundo a **formação** do Brasil, enraizada por uma **pluralidade cultural**, que tem como base as matrizes africanas, indígena e europeia, que demarcam a origem do cenário multicultural do país.

Essa diversidade se manifesta na originalidade e na pluralidade de identidades que caracterizam os grupos e as sociedades que compõem a humanidade. Fonte de intercâmbios, de inovação e de criatividade, a **diversidade cultural** é, para o gênero humano, tão necessária como a diversidade biológica para a natureza. Nesse sentido, constitui o patrimônio comum da humanidade e deve ser reconhecida e consolidada em benefício das gerações presentes e futuras. (Artigo n. 1 da Declaração Universal sobre a Diversidade Cultural) (UNESCO, 2002).

Exercícios

1. Segundo Roberto da Matta (1986), no Brasil, por muito tempo vigorou a existência do chamado mito do "triângulo racial". De acordo com o autor, não é possível negar o mito, que na prática:

a) mostra que o Brasil é uma composição de três matrizes étnicas (indígena, africana e europeia), e que houve uma harmonia e equilíbrio em suas convivências.

b) compreende criticamente que o Brasil é formado por três matrizes étnicas, e propõe uma ação reflexiva sobre os preconceitos na sociedade.

c) consiste em uma forma de expressão das desigualdades raciais que aconteceu, no Brasil, apenas entre os africanos e afrodescendentes, devido à escravidão nos engenhos.

d) refere-se à ideia de que no Brasil apenas os indígenas e africanos conviveram pacificamente, pois ambos foram oprimidos pelos portugueses (europeus). O mito consiste justamente em achar que foram os portugueses que desencadearam o preconceito racial.

e) consiste em uma profunda reflexão crítica sobre a composição da cultura brasileira, pois apresenta as desigualdades sociais como fenômenos que atrasaram o desenvolvimento da sociedade.

2. O Brasil é um país rico em sua diversidade cultural. Pode-se dizer que a cultura brasileira é complexa, devido às várias etnias que aqui se estabeleceram. Um dos pontos centrais acerca da cultura brasileira, no que tange à religião, é:

a) a homogeneidade religiosa, visto que apenas o catolicismo é a vertente religiosa que aqui predomina desde as épocas do Brasil colônia.

b) a democracia religiosa, uma vez que todas as religiões podem ser desenvolvidas sem que exista preconceitos ou resistências. É uma das marcas do Brasil.

c) o sincretismo religioso. Em outros termos, é a mistura de diferentes elementos religiosos, por exemplo, o catolicismo e as divindades africanas, etc.

d) o seletismo religioso que prevê a necessidade de abertura de diferentes igrejas e vertentes religiosas.

e) a pluralidade de deuses, porém, a presença apenas do catolicismo e do protestantismo na sociedade brasileira.

3. A manutenção da identidade de um

grupo está relacionada com o cultivo de aspectos culturais. Algumas das formas de manutenção do construto de uma etnia são:

a) A gravação digital de costumes para que possam ser preservados para a posteridade.

b) Os costumes e as tradições, como comemorações que evocam as memórias coletivas ou reforçam mitos que constituem o arcabouço interpretativo do grupo.

c) O tombamento local de origem de uma etnia.

d) A popularização e comercialização de elementos culturais, como artesanato, produtos industrializados.

e) Manutenção da culinária e edifícios arquitetônicos.

4. Podemos afirmar que a diferença entre raça e etnia consiste em:

a) A raça estar relacionada apenas aos povos não europeus, enquanto os povos europeus são vistos como étnicos.

b) A raça estar relacionada à cor da pele e aos costumes de um determinado povo.

c) O conceito de raça estar relacionado aos aspectos biológicos e físicos, e o conceito de etnia estar relacionado às características culturais de um determinado povo.

d) A diferença residir na politização dos diferentes povos.

e) A raça estar relacionada a todo o ser humano, enquanto que etnia refere-se ao aspecto político e econômico de uma determinada sociedade.

5. A identidade de um determinado país, por exemplo, o Brasil, constrói-se:

a) por meio de dados empíricos específicos de cada região. Geralmente são coletados por meio dos censos do IBGE.

b) pelo fato de a identidade estar relacionada estritamente aos símbolos da pátria, como bandeira, hino e instituições políticas.

c) pelo fato de a identidade de um povo ser marcada apenas pela sua culinária, música e etnia.

d) pelo fato de a identidade de um país ser algo amplo, que envolve aspectos culturais, memória coletiva, política, aspectos socioeconômicos, modos de vida, cotidiano, celebrações, festas, dados estatísticos, dentre outros.

e) pelo fato de a identidade ser algo estritamente relacionado a números e dados quantitativos populacionais.

Referências

DE MASI, D. *O ócio criativo*. Rio de Janeiro: Sextante, 2000.

FAUSTO, B. *História do Brasil*. 12. ed. São Paulo: EDUSP, 2006.

FERREIRA, E. *Refletindo sobre o conceito de miscigenação no Brasil*. Trabalho de conclusão de curso (Licenciatura em Pedagogia) - Universidade Estadual da Paraíba, Paraíba, 2012.

LEAL, A. Introdução à reflexão histórica do contexto da diversidade cultural no Brasil e a manifestação da diversidade no ambiente escolar. In: SIMPÓSIO NACIONAL DE HISTÓRIA, 27., 2013. *Anais...* Natal, 2013.

MACIEIRA, G. *O povo brasileiro e seu país:* diversidade cultural e miscigenação de raças. Abril Educação. 2016. Apresentação de Power Point.

MATTA, R. da. *O que faz do Brasil, Brasil?* Rio de Janeiro: Rocco, 1986.

MURINELLI, G. R. *Narrativas de futuros professores de história sobre os afrobrasileiros no contexto do pós-abolição:* um estudo em meio a lei federal 10.639/03. Dissertação (Mestrado em História) - Universidade Estadual de Londrina, Londrina, 2012.

PFEFFER, R. A contribuição do sincretismo brasileiro para a construção de uma ética global. *Conjectura: Filos. Educ.,* Caxias do Sul, v. 18, n. 2, maio/ago. 2013.

QUINTEIRO, W. *Diversidade Cultural como Instrumento de Desenvolvimento*. 2014. Disponível em: <http://wilsonquinteiro.blogspot.com.br/2014/05/diversidade-cultural--como-instrumento.html>. Acesso em: 13 nov. 2017.

RAÇA e etnia. *Info Joven*. [200-?]. Disponível em: <http://www.infojovem.org.br/infopedia/descubra-e-aprenda/diversidade/raca-e-etnia/>. Acesso em: 6 out. 2017.

SALAINI, C. Desigualdades étnico-raciais no Brasil. In: *DESIGUALDADES de gênero, raça e etnia*. Curitiba: IBPEX, 2009.

UNESCO. *Declaração universal sobre a diversidade cultural*. 2002. Disponível em: <http://unesdoc.unesco.org/images/0012/001271/127160por.pdf>. Acesso em: 6 out. 2017.

Leituras recomendadas

ELIAS, N. *A sociedade dos indivíduos*. Rio de Janeiro: J. Zahar, 2007.

FREYRE, G. *Casa grande & senzala:* formação da família brasileira sob o regime da economia patriarcal. Rio de Janeiro: J. Olympio, 1963.

HOLANDA, S. B. de. *Raízes do Brasil*. São Paulo: Companhia das Letras, 2015.

MATTOS, H.; RIOS, A. L. *Memórias do cativeiro:* família, trabalho e cidadania no pós--abolição. Rio de Janeiro: Civilização Brasileira, 2005.

RIBEIRO, D. *O povo brasileiro*. São Paulo: Cia das Letras, 1995.

Cultura popular: festejos, folguedos e tradições populares do folclore brasileiro

Objetivos de aprendizagem

Ao final deste texto, você deve apresentar os seguintes aprendizados:

- Definir o conceito de cultura popular.
- Descrever os festejos e folguedos populares no Brasil.
- Analisar as narrativas míticas brasileiras.

Introdução

O conteúdo desse capítulo está voltado para o estudo da cultura popular a partir dos festejos, folguedos e tradições populares presentes no folclore brasileiro. A cultura popular revela os modos sociais de produção e reprodução da vida social das camadas subalternas e, também, o fazer cultural carregado de criatividade, independentemente das limitações socioeconômicas. Como no Brasil há uma imensa diversidade cultural, com inúmeras festas, folguedos e folclore muito extenso, vamos ver exemplos pontuais de práticas culturais significativas do povo brasileiro. Assim, percorreremos momentos culturais que revelem a alegria e a imaginação que transborda em nossos festejos, procissões e narrativas míticas.

Cultura popular

É importante, já nas primeiras palavras deste capítulo, definir o conceito de cultura popular: vamos começar pontuando o que cultura popular não é, mas que se confunde muito na nossa vida cotidiana. Ou seja, cultura popular não é cultura de massa. Os pensadores Adorno e Horkheimer estabeleceram uma linha importante que separa a cultura popular da cultura de massa, em que as expressões populares espontâneas e ligadas à longa duração se separam das produções da indústria do entretenimento para o consumo de massa. A cultura de massa é a que se impõe como mercadoria de compra e venda por meio dos meios de comunicação massificantes. Quando usufruímos ou experimentamos um conjunto de produções dominantes da indústria cultural, como música, programas de televisão e cinema, não estamos ainda diante da cultura popular. Trata-se, antes de tudo, de massificação da cultura, de transformação da arte popular em mercadoria, a fim de obter lucro. A cultura popular é muito diferente, ela carrega autonomia muito específica. Nela o povo é protagonista: ator principal das práticas culturais. Ele não apenas consome a cultura, mas, de fato, a produz. Em frase direta, a **cultura popular** está no campo do fazer das camadas baixas da sociedade. Sobretudo, é cultura popular as práticas significativas elaboradas pelo povo para manifestar sentimentos de pertencimento local (identidade), de religiosidade e de alegria social (lúdico). Em síntese, a cultural popular é posta em oposição à cultura que desce e se impõe do topo, a cultura das elites, dos donos do poder. É expressão das classes subalternas, isto é, das camadas sociais que convivem em condições precárias, na dependência e subordinação frente à classe superior (CUNHA, 2003).

 **Fique atento**

A *cultura de massa* tem popularidade, mas a popularidade está atrelada ao consumo de bens culturais. Muito diferente da cultura popular na qual a arte de fazer, de produzir cultura parte diretamente das pessoas simples do povo.

A cultura popular brasileira é rica em manifestações que percorrem todo o país. São os festejos que mobilizam as cidades, principalmente no interior, e a multiplicidade de manifestações que há nos folguedos, muito comum no Nordeste, em que há música, dança e representação teatral, além das tradições populares presentes no folclore brasileiro, que traduzem a diversidade da identidade nacional. As manifestações culturais do povo brasileiro têm raízes, fundamentais, no encontro da cultura lusa (portuguesa), indígena e africana. Também, é produto da ressignificação da cultura letrada e estatal que baixa do alto do poder para as camadas populares. Antes de mera reprodução e assimilação, as camadas populares criam um sentido novo e adequado ao imaginário e ao mundo realmente vivido pelo povo. Enfim, você vai ler sobre as principais manifestações culturais brasileiras a fim de identificar a riqueza e a criatividade presente nas práticas populares.

Festejos populares no Brasil

A cultura popular brasileira está inflacionada de práticas festivas. A alegria singulariza o povo. Há nas festas a presença de um conjunto de manifestações de ordem sagrada e profana. O espaço utópico do sagrado congrega forças com o lúdico da vida cotidiana. Uma forma de sublimar as dificuldades sociais advindas da pobreza. Boa parte dos festejos tem origem religiosa. Porém, não corresponde a uma simples reprodução da fé cristã oficial. Como afirma Michel de Certeau (1994, p. 78): "[...] um uso (popular) da religião modifica-lhe o funcionamento". É aí que se encontra a sabedoria e a criatividade popular. Longe da mera assimilação da cultura despejada do alto da sociedade letrada, as camadas sociais populares introduzem astúcia e inteligência nas informações que chegam de fora para utilizá-las de acordo com os objetivos e sentimentos locais. Vamos agora ilustrar algumas das festividades populares para compreendermos a riqueza e a importância dessas práticas culturais do povo brasileiro.

No Brasil, as **festividades do Divino Espírito Santo** persistem até hoje, embora já distante das grandes cidades. Atualmente, ocorrem em poucas cidades do país, como, por exemplo, em Pirenópolis (GO) e Paraty (RJ), cidades localizadas no meio rural, festividades de tradição portuguesa, já estiveram presentes entre as principais festividades populares do Brasil. Há registros desde o século XVIII. Trata-se de festa organizada, tradicionalmente, pelo povo, com arrecadação de dinheiro para custear os gastos religiosos e alimentos para os banquetes. Na festividade do Divino, há a ocorrência do chamado "tempo alegre", em que há importante inversão de papéis a partir da ordem simbólica, assim, no período de pentecostes, crianças ou adultos eram coroados como imperadores do Divino, além de saída das folias, onde devotos saíam às ruas objetivando arrecadar dinheiro para a festa, com suas bandeiras vermelhas bordadas com a figura da pomba representativa do espírito santo (MARTINS, 2009). No Brasil escravocrata, havia o constante medo, por parte dos senhores, de que a participação de mulatos e escravos, na Festa do Divino, pudesse transitar do poder simbólico para o poder real, transformando-se em revolta popular. Então, as autoridades procuraram normatizar as festividades para esvaziar o elemento negro das práticas mais significativas da festividade do Divino Espírito Santo.

Desde o Brasil independente, início do século XIX, as ofensivas do poder central, contrárias à autonomia popular na condução dos festejos, produziram paulatino esvaziamento da festa do Divino. Hoje a festa não tem a mesma intensidade popular que carregava no passado. O esvaziamento do poder popular na condução dos festejos e a crescente modernização e urbanização do país jogaram os festejos para a margem rural, e a globalização cultural vem diminuindo o engajamento popular dos mais jovens, visto que a cultura de massa, advinda da globalização, provoca a emergência de referências culturais distantes do local de convívio social. Em Paraty (RJ), por exemplo, as folias que traziam diversos populares para as ruas, a fim de arrecadar donativos aos festejos do Divino, perderam a importância. As arrecadações estão sobre o encargo dos ricos ou empresários da cidade. Mesmo assim, a centralidade da figura do Imperador ainda persiste, ao lado dos banquetes comunitários que asseguram a persistência da **tradição popular**. A cidade de Pirenópolis (GO) também mantém a tradição, mas o incremento do turismo vem refigurando a imagem popular dos festejos. Os personagens e as práticas dos festejos são mantidos na esfera da tradição popular do evento, mas há uma escolha estatal pelo fomento do turismo que provoca tensão entre tradição e inovação (MARTINS, 2009). E é essa tensão, entre o topo do poder e as camadas populares, que marca as construções culturais populares ao longo da história do Brasil.

Saiba mais

Em 2010, a Festa do Divino Espírito Santo de Pirenópolis (GO) (Figura 1) recebeu o título de patrimônio cultural do Brasil pelo Instituto do Patrimônio Histórico e Artístico Nacional (IPHAN). O inventário realizado pelo Departamento de Patrimônio Imaterial do IPHAN constatou que a Festa apresenta todos os pressupostos que permitem entendê-la como um sistema de produção cultural que produz laços que interferem em todas as dimensões da vida social local.

Figura 1. Primeiras manifestações da Festa do Divino em Pirenópolis (IPHAN).
Fonte: Portal Brasil (2015).

Outra festividade importante é a do Círio de Nazaré, festa que se estende por todo o mês de outubro, em Belém do Pará. Ela é comemorada há mais de 200 anos. Foi introduzida no Pará pelos jesuítas como forma de devoção à Nossa Senhora de Nazaré. Na memória popular, o evento nasce em 1700 quando o homem do campo, o caboclo Plácido José dos Santos, ao caminhar na mata, encontra a imagem da Santa às margens do igarapé Murutucu. Ao conduzir a imagem para sua residência, percebe, no dia seguinte, que ela havia sumido e ao retornar no mesmo local do achado, reencontra a imagem no mesmo lugar. O caboclo relatou que o fato se repetia cotidianamente. Então, o governador resolveu tutelar a imagem no Palácio do Governo, e o fato, também, se repetia. Assim, nas práticas de devoção à Nossa Senhora de Nazaré, a imagem percorre os caminhos de ida e vinda presentes na tradição. Em realidade, a procissão carrega um conjunto de manifestações religiosas e profanas, como a introdução das *Filhas da Chiquita* (grupo de homossexuais) que traduzem a identidade cultural do povo amazônico (CARVALHO; LIMA, 2009).

Figura 2. Os festejos de Círio de Nazaré, na cidade de Belém.
Fonte: Portal Brasil (2016a).

A multidão de devotos de Nossa Senhora do Nazaré acompanha a "berlinda" (Figura 2), ou seja, o coração da manifestação onde se encontra a imagem da Santa, puxada por uma enorme corda de 420 metros de comprimento, na qual os devotos realizam sacrifícios e manifestações de fé. A berlinda e a corda são extensões da própria imagem da Santa. Trata-se da tríade insubstituível da procissão. Trata-se de patrimônio imaterial da cultura brasileira, em que os valores simbólicos representam significados bem diversos que perpassam do sagrado ao profano. O Círio de Nazaré foi oficialmente reconhecido como patrimônio cultural imaterial brasileiro em 2004.

Há, no interior do evento, a Festa das Filhas da Chiquita, em que homossexuais integrantes de um bloco carnavalesco se associam à procissão. Comemoração profana, que independentemente da tensão gerada, está integrada aos festejos. Artesãos, homens do brinquedo, também ganham espaço no evento abrindo oportunidade de venda de artesanato popular. Além disso, há espetáculos teatrais e festividades muito próximas às festas juninas (CARVALHO; LIMA, 2009). Enfim, são dois séculos de **tradição popular** carregada de muita alegria e fé. O Ciro de Nazaré é uma síntese significativa da cultura popular amazônica e do modo de produção das formas sociais de existência elaboradas pelas camadas populares da sociedade brasileira.

Saiba mais

O **Patrimônio Cultural Imaterial** consiste em práticas culturais elaboradas por diversos grupos sociais. São manifestações populares compostas por festas, danças, canções, procissões, gastronomia e demais atividades em que há práticas carregadas de significados para a comunidade, e alicerças em longa duração, ou seja, na temporalidade cultural. De fato, a prática cultural imaterial é a que resiste no modo social de produção popular. Trata-se da cultura cotidiana das pessoas comuns, do saber popular, dos modos de ser e fazer das classes subalternas e das relações sociais de afeto e solidariedade das comunidades populares.

As festividades populares brasileiras, aqui apontadas como exemplo, evidenciam a tradição de longa duração dos festejos. Há evidente manifestação da fé cristã e de elementos profanos que se conjugam nas práticas culturais de devoção e alegria. A crescente urbanização e a globalização cultural tem provocado enfraquecimento da cultura popular e regional. De fato, ainda podemos vivenciar as festividades populares nas pequenas cidades do interior e nas regiões menos industrializadas do Brasil.

Os folguedos da cultura popular

Os folguedos são festas populares articuladas no tripé: **música**, **danças** e **representação popular (teatro)**. O volume maior de folguedos brasileiros tem origem religiosa. As raízes culturais dessas manifestações culturais são híbridas: matrizes africanas, indígenas e portuguesas. Apesar de os folguedos estenderem-se pelo território nacional, é no Nordeste que podemos visualizar intensamente a presença dessas festas. Nessa arte do fazer, é o povo que assume o papel principal. São os poucos dias de calendário anual que os pobres são alçados espontaneamente para o palco social. Dos principais folguedos da cultura popular, escolhemos três: o "Bumba meu boi", a "Congada" e a "Folia-de-Reis a fim de ilustrar essas manifestações do povo brasileiro.

Figura 3. O *bumba meu boi* recebeu o título de Patrimônio Cultural do Brasil pelo IPHAN. *Fonte:* Portal Brasil (2016b).

O Bumba meu boi (Figura 3) é folguedo típico da Nordeste brasileiro. Há elementos do hibridismo cultural brasileiro: indígena, africano e português. As festividades ocorrem de meados de novembro até a noite dos reis em janeiro. As práticas culturais de coreografia, dança e música centram-se na figura de um homem que se fantasia de boi a fim de comandar a encenação. Boi-Calemba, Bumba (Recife), Boi de Reis, Boi-Bumbá (Maranhão, Pará, Amazonas), Três-Pedaços (Alagoas), Folguedo do Boi (Rio de Janeiro) são as formas de nomear o evento por região do Brasil. Há registro do evento desde o final do século XVIII no litoral nordestino – no ambiente da sociedade do açúcar – e se espalha pelo país. Em síntese, o Bumba meu boi corresponde às formas de divertimento de gente pobre que, em grupo, percorrem as ruas dançando e cantando, e guiados por uma representação de boi exercida por homem do povo. Animal dócil de imenso valor de tração no campo (CASCUDO, 2012). Os eventos populares cresciam de baixo para o topo da sociedade brasileira. A alegria que transborda no Brasil e que se faz presente nas festividades do país advém, exatamente, das camadas que mais sofrem a dureza de uma vida social e econômica desigual. Em geral, a alegria transitava da senzala para a Casa-grande. De acordo com Gilberto Freyre (2004, p. 268): "A risada do negro é que quebrou toda essa "apagada e vil tristeza" em que se foi abafando a vida nas casas-grandes. Ele que deu alegria aos são-joões de engenho; que animou os Bumba meu boi, os cavalos-marinhos, os carnavais, as festas de Reis".

A congada é outro folguedo importante presente na cultura popular brasileira. De inclinação africana apresenta-se de Norte a Sul do país. Os elementos de construção encontram-se na coroação dos Reis do Congo. Desde o período do Brasil Colonial, os negros festejavam congadas (Figura 4). Reunidos os populares, com trajes bem elaborados, deslocavam-se para buscar o casal régio a fim de conduzi-lo até a igreja, onde são coroados pelo vigário. No percurso de ida e volta, o cortejo realiza bailado, jogos de agilidade e simulação guerreira com armas brancas, dança de espadas (CASCUDO, 2012). Os integrantes da congada utilizam roupas brancas com fitas coloridas. A festa tem seu ponto culminante com a entrada na Igreja e a devoção de Nossa Senhora do Rosário, muitas vezes de imagem negra. Há banquetes, canções, danças que reivindicam laços com a África.

Figura 4. Congada é a representação da coroação do rei e da rainha (IPHAN).
Fonte: LuizSouza/Shutterstock.com

A Folia-de-Reis é folguedo de tradição portuguesa. No Brasil, expressa-se como uma confraria popular. Em parte, sagrada, e, em outra, profana. Trata-se de ritual festeiro que implora proteção divina contra as pragas que destroem a lavoura. Há, no centro dos devotos, a bandeira do "Espírito Santo". Da ressurreição à pentecostes, a procissão de folia percorre as ruas com cantorias. A atividade culmina no jantar onde são servidos pratos de cardápios especiais da região. Há atividade nas ruas durante o dia e a noite, com arrecadação de doações para as festividades (CASCUDO, 2012). A Folia-de-Reis (Figura 5), apesar de ter chegado da Europa para o Brasil, sofreu transformação pela forte presença negra: o som dos tambores africanos. Os personagens fundamentais da folia são: os três reis magos, o mestre palhaço que anima a festa, o coro que canta os louvores religiosos, o mestre que se encarrega da organização do evento, o porta bandeira que conduz a imagem bordada do "Espírito Santo", o forasteiro que, em sua casa, guarda a bandeira do cerimonial e a banda musical. Assim, alegremente a folia percorre as ruas entoando cânticos bíblicos em homenagem aos reis magos e ao nascimento de Jesus.

Figura 5. Folia de Reis.
Fonte: Diocese de Santo André (2017).

As narrativas populares do folclore brasileiro

De início, convém esclarecer que o **folclore** é o conjunto da cultura popular e não pode ser limitado a uma margem normativa que congele as expressões populares no espaço-tempo. A riqueza das expressões culturais está, sem dúvida, na tradição, contudo, ela também se apresenta na capacidade criativa que o povo carrega consigo, na constante transformação da própria tradição. Nas palavras de Câmara Cascudo, o folclore (2012, p. 304): "[...] não apenas conserva, depende e mantém os padrões imperturbáveis do entendimento e ação, mas remodela, refaz ou abandona elementos que se esvaziaram de motivos e finalidades [...]". A cultura popular é sempre o fazer, ou melhor, uma ação de criação inserida em uma teia de significados que mobiliza os indivíduos como sujeitos de si no grupo social. O folclore é – essencialmente – manifestação da cultura popular. Assim, encontra-se no folclore brasileiro o conjunto de mitos e lendas (historietas) que segue no imaginário popular.

Os mitos são narrativas simbólicas que explicam fenômenos naturais e sociais a fim de impor equilíbrio às ameaças do mundo sobre a sociedade. E as lendas e mitos populares carregam acontecimentos que percorrem o real e o imaginário da sociedade por meio de literatura construída oralmente. Do folclore brasileiro, apontaremos algumas dessas narrativas populares para a compreensão da importância do imaginário social como expressão de cultura. Nas palavras de Everardo Rocha (1996, p.3): "[...] o mito é uma narrativa. É um discurso, uma fala". Em tese, representa a forma de transposição do real vivido para o imaginário popular, apontando os medos e contradições que afrontam o grupo e os indivíduos. As narrativas populares do folclore brasileiro estão muito ligadas à ideia de uma ordem que deve ser mantida, e que, ao sinal de rompimento, haverá punição aos indivíduos.

O mito do Boitatá, por exemplo, está presente em parte extensa do território nacional. No Centro-Sul, Baitatá, na Bahia, Biatatá, em Minas Gerais, Batatal, em São Paulo, Bitatá no Nordeste, Batatão. Há formas diferentes de nomear a narrativa mítica, mas o sentido sempre é o mesmo. Há relatos desde o século XVI. O Padre Anchieta faz descrição do Boitatá em 1560. A narrativa tem como elemento de centro a presença de uma cobra de fogo que protege a fauna e flora daqueles que insistem em destruir a vida na floresta. O Boitatá representa o fogo que corre, ou seja, as forças sobrenaturais de proteção da natureza. Na memória popular, o mito apresenta-se como criação indígena. Entretanto, o sentido do mito pode ser encontrado em outras matrizes populares muito próximas, da Europa e África (CASCUDO, 2012).

O mito do Curupira também corresponde à defesa da natureza na floresta. Narrativa de composição indígena. A imagem é de espectro humano, é a de um homem em corpo de menino (anão) de longos cabelos ruivos e com os pés virados para trás, confundindo o sentido das pegadas na floresta. O Curupira persegue e elimina todos aqueles que não respeitam a vida na mata. A explicação para o desaparecimento de pessoas pelos habitantes do interior, muitas vezes, é posta por meio da ação do Curupira. Segundo o Padre Anchieta: "é coisa sabida pela boca de todos corre, que há certos demônios e que os brasis chamam Curupira, que acometem os índios muitas vezes no mato, [...]" (CASCUDO, 2012, p. 246). Ele é da floresta. Toda a ameaça que representa aos indivíduos restringe-se ao espaço da mata. Na cidade, não há a presença desse espectro apavorante. Os seringueiros, caboclos e caipiras têm o habito de deixar nas estradas das florestas pinga (cachaça) e fumo para desviar a atenção do Curupira e escapar de sua agressão.

Por fim, a narrativa da Mula Sem Cabeça reporta-se ao tabu sexual que protege o voto de castidade do sacerdote. A centralidade do mito encontra-se na relação sexual entre uma mulher do interior com o padre da região. Então, o ato divino de punição à quebra da ordem sagrada, ou seja, o castigo à mulher veio com a transformação – em todas as noites de quinta para sexta-feira – do corpo feminino sentenciado em animal quadrúpede, que galopa e salta ininterruptamente, enquanto pelo pescoço emerge labaredas de fogo. Apesar da ideia de "sem cabeça", ouve-se relinchos que impõe que, entre as labaredas, há a presença de cabeça. A maldição desparecerá, na crença popular, quando alguém com muita coragem lhe arrancar da cabeça o freio de ferro que lá se encontra. Assim, após o ato de soltura a mulher reaparecerá nua e chorando arrependida pelo ato imoral cometido (CASCUDO, 2012). Essa é uma das narrativas de solução do encanto.

As narrativas míticas aqui apresentadas são, objetivamente, falas populares que produzem medo. De raízes híbridas (europeia, africana e indígena), elas carregam interditos que se forem afrontados produzem punições severas. Essas histórias tiveram na tradição africana, no ato de contar histórias fantasiosas da mulher negra para o menino branco e para a comunidade negra, a valorosa permanência no tempo. Como toda a tradição oral, as narrativas são de estrutura flexível sofrendo inúmeras alterações no ato de criação dos contadores de histórias. Alguns contadores de histórias faziam do ato profissão. São as negras que andavam de engenho a engenho disseminando os mitos brasileiros que Gilberto Freyre comenta na Obra Casa-Grande & Senzala (FREYRE, 2004).

Saiba mais

Quando nos reportamos à cultura popular, mais popularmente associado ao folclore, é, sem dúvida, ao meio rural que nos reportamos. Há todo um conjunto de práticas do interior que ainda sobrevivem e, às vezes, se estendem ao meio urbano. Provavelmente, a maioria das festividades e narrativas populares apresentadas ao longo do capítulo são de conhecimento de todos. Apesar da crescente urbanização e modernização do Brasil nos últimos 50 anos, ainda carregamos uma lembrança muito forte do meio rural. Ainda hoje, por exemplo, nossos pratos preferidos nas refeições são de origem rural: tapioca, cuscuz, carne de sol, feijoada, churrasco gaúcho. No entanto, a cultura popular está inserida na dinâmica da criatividade popular que mantém e transforma as práticas cotidianamente. As palavras de Carlos Rodrigues Brandão são esclarecedoras:

> O ser humano é basicamente criativo e recriador e os artistas populares que lidam com o canto, a dança, o artesanato modificam continuamente aquilo que um dia aprenderam a fazer. Essas são as regras humanas da criação e do amor: fazer de novo, refazer, inovar, recuperar, retomar o antigo e a tradição, de novo inovar, incorporar o velho no novo e transformar um com o poder do outro, "é sempre igual", dizia um dançador de jongo de São Luís do Paraitinga, "mas é sempre diferente" (BRANDÃO, 1984, p. 39).

De fato, na cultura popular, a conservação e a transformação convivem articuladas na contínua produção e reprodução das vivências e crenças das camadas da base da sociedade. O Brasil carrega uma diversidade cultural muito intensa, o que resulta em variada manifestação de cultura popular. Há também, independentemente da extensão territorial, uma integração cultural significativa. Foi possível perceber, ao longo da leitura, que as manifestações culturais do povo brasileiro estão distribuídas pelo território nacional, às vezes nomeadas de outras formas, mas que, em essência, conservam o mesmo sentido e significado. Portanto, é fundamental a percepção de que a cultura popular está no presente, nas práticas cotidianas. A ela escapa a ideia de tradição paralisada no espaço-tempo, visto que a memória oral é constantemente reelaborada e ressignificada no tempo presente, o que favorece a constante transformação da cultura popular. Quando habitamos no popular, a arte do fazer, do criar, apesar das dificuldades sociais, é o que salta aos olhos do observador que carrega olhar crítico-sensível.

 **Exercícios**

1. As definições de cultura popular em sentido negativo "não hegemônica, não oficial, não moderna, não cosmopolita, não erudita, e assim por diante" exploram a concepção de duas camadas sociais, elite e povo, com base na desigualdade social. Além disso, a própria cultura popular é segmentada em um grande conjunto produtor e preservador de práticas tradicionais e em um pequeno conjunto estigmatizado, de práticas permeadas pela reputação de transgressão social, alvo de fortes repressões. O carnaval, o jongo e os cultos de candomblé, para citar apenas alguns exemplos, já sofreram prisões de participantes e apreensões de instrumentos e objetos rituais (Maria Elisabeth de Andrade Costa, Verbete Cultura Popular Dicionário do Patrimônio Cultural).

A partir da leitura do texto, focada no conceito de cultura popular, é correto afirmar que:

a) A produção da cultura popular ampara todas as classes sociais.

b) A cultura popular corresponde aos seguimentos sociais subalternos.

c) A cultura dita popular restringe-se aos afrodescendentes do Brasil.

d) A cultura de massa é a expressão da cultura popular contemporânea.

e) A produção cultural popular é carente de inovação e de criatividade.

2. A Festa do Divino de Pirenópolis é realizada anualmente desde 1819, data do primeiro registro na lista local de imperadores. Desde então, ano após ano, essa listagem é atualizada e publicada na programação da festa. É considerada uma das mais expressivas celebrações do Espírito Santo no país, especialmente pelo grande número de seus rituais, personagens e componentes, como as cavalhadas de mouros e cristãos e os mascarados montados a cavalo. Enraizada no cotidiano dos moradores de Pirenópolis, a Festa do Divino determina os padrões de sociabilidade local, consolidando-se como elemento fundamental da identidade cultural da cidade. (IPHAN, 2017) De acordo com o texto e com o que aprendemos neste capítulo, é correto afirmar que:

a) O que ocorre em Pirenópolis corresponde à manifestação da classe letrada.

b) A cultura popular do Divino é exemplo de cultura material de fundo sagrado.

c) O conceito de patrimônio material pode ser utilizado para a Festa do Divino.

d) A Festa do Divino corresponde à manifestação de patrimônio imaterial.

e) As festividades do Divino são tipicamente, exemplo, de cultura de massa.

3. Na Festa do Círio de Nazaré recentemente foi introduzida às

Filhas da Chiquita, homossexuais integrantes de um bloco carnavalesco que se associaram à procissão. Com relação a essa mudança na festa, é correto afirmar que:

a) Corresponde à deturpação da festa do Círio que é de sentido religioso.

b) Representa a emergência de cultura de massa que deturpa o evento.

c) Toda a mudança na cultura popular impõe destruição de patrimônio.

d) A cultura popular muda constantemente sem conservar qualquer tradição.

e) Trata-se de um bom exemplo de que a cultura popular se transforma no tempo.

4. O folclore é o conjunto da cultura popular e não pode ser limitado a uma margem normativa que congele as expressões populares no espaço-tempo. A capacidade criativa que há nas camadas subalternas se traduz em constante transformação da própria tradição. Dessa forma, acerca do folclore, é correto afirmar que:

a) O folclore é herança cultural em transformação.

b) As lendas e mitos são culturas de massa.

c) Toda a produção cultural é folclore.

d) O folclore é cultura do passado.

e) A cultura erudita é folclore.

5. (IPHAN, 2017) Artista acreano, pintor, escritor, compositor, músico, um dos principais representantes das raízes e das identidades culturais do Acre. Assim pode ser definido Hélio Melo, um multiartista que, através de sua obra, revelou aspectos peculiares da cultura do homem da Amazônia brasileira, afirma o Superintendente do IPHAN no Acre, Deyvesson Gusmão. Hélio Melo inspirou-se em seu próprio cotidiano: a rotina da floresta, das estradas de seringa, do contato com a fauna e com a flora amazônicas, com as lendas do Curupira, da Mãe da Mata, do Mapinguari. E, posteriormente, na tristeza de acompanhar a mudança da paisagem dessa porção da Amazônia, causada pela transformação da floresta em pasto para a pecuária extensiva, ocorrida a partir da década de 1970. Na reportagem do IPHAN sobre o artista acreano Hélio Melo, é possível perceber que as preocupações socioambientais e as inspirações artísticas estão associadas à preocupações encontradas nas lendas e mitos brasileiros. Nesse sentido, é correto afirmar que:

a) O Boitatá auxilia o êxito dos caçadores.

b) A Mula Sem Cabeça é a protetora dos seringueiros.

c) O Curupira é o protetor da fauna e flora das florestas.

d) A Mula Sem Cabeça é a guardiã das florestas.

e) O Curupira é o protetor das plantações.

 **Referências**

BRASIL. Instituto do Patrimônio Histórico e Artístico Nacional. *Folia de Reis fluminense entregará pedido de registro ao IPHAN.* 2016. Disponível em: <http://portal.IPHAN.gov.br/noticias/detalhes/3633>. Acesso em: 6 nov. 2017.

BRANDÃO, C. R. *O que é folclore?* São Paulo: Brasiliense, 1984.

CARVALHO, L.; LIMA, M. D. de. Dias de alegria e muita fé: o monumental Círio de Nazaré. In: FIGUEIREDO, L. (Org.). *Festas e batuques do Brasil.* Rio de Janeiro: Sabin, 2009.

CASCUDO, L. da C. *Dicionário do folclore brasileiro.* São Paulo: Global, 2000.

CERTEAU, M. de. *A Invenção do cotidiano:* artes de fazer. Petrópolis: Vozes, 1994.

CUNHA, N. *Dicionário SESC:* a linguagem da cultura. São Paulo: SESC, 2003.

DIOCESE DE SANTO ANDRÉ. *Folia de Reis se torna patrimônio imaterial de Minas Gerais.* 2017. Disponível em: <https://diocesesa.org.br/2017/01/06/folia-de-reis-se-torna-patrimonio-imaterial-de-minas-gerais/>. Acesso em: 14 nov. 2017.

FREYRE, G. *Casa-grande & senzala.* São Paulo: Global, 2004.

MARTINS, W. de S. Abram alas para a folia: as festas do divino espírito santo arrastam multidões. In: FIGUEIREDO, L. (Org.). *Festas e batuques do Brasil.* Rio de Janeiro: Sabin, 2009.

PORTAL BRASIL. *Congadas de São Paulo podem se tornar patrimônio cultural.* 2014. Disponível em: <http://www.brasil.gov.br/cultura/2014/05/congadas-de-sao-paulo-podem-se-tornar-patrimonio-cultural>. Acesso em: 6 nov. 2017.

PORTAL BRASIL. *Festa do Divino Espírito Santo completa cinco anos como patrimônio cultural.* 2015. Disponível em: <http://www.brasil.gov.br/cultura/2015/05/festa-do-divino-espirito-santo-completa-cinco-anos-como-patrimonio-cultural/07052015_festa-divino-pirenopolis.jpg/view>. Acesso em: 6 nov. 2017.

PORTAL BRASIL. *Belém se prepara para receber festejos do Círio de Nazaré.* 2016a. Disponível em: <http://www.brasil.gov.br/turismo/2016/10/belem-se-prepara-para-receber-festejos-do-cirio-de-nazare/>. Acesso em: 6 nov. 2017.

PORTAL BRASIL. *Tocha se despede do Maranhão nesta terça.* 2016b. Disponível em: <http://www.brasil.gov.br/cultura/2016/06/tocha-se-despede-do-maranhao-nesta-terca-14/>. Acesso em: 6 nov. 2017.

ROCHA, E. *O que é mito?* São Paulo: Brasiliense, 1996.

Leituras recomendadas

ARANTES, A. A. *O que é cultura popular?* São Paulo: Brasiliense, 1981.

FIGUEIREDO, L. (Org.). *Festas e batuques do Brasil.* Rio de Janeiro: Sabin, 2009.

Gabaritos

Para ver as respostas de todos os exercícios deste livro, acesse o link abaixo ou utilize o código QR ao lado.

https://goo.gl/m2UhMS